Katy Schlegel

Glücksorte in London

Fahr hin & werd glücklich

Dieses

Glücksbuch

ist für

Liebe Glücksuchende,

seit es mich vor einigen Jahren nach London verschlagen hat, bin ich auf Entdeckungsreise. Jeden Tag aufs Neue. Denn von der Millionenmetropole an der Themse kann man nicht genug kriegen. London fasziniert, reibt auf, eckt an, inspiriert – und macht glücklich. Dafür zieht die britische Hauptstadt viele Register. Ihr haftet royales Flair an. Mondäne Koketterie. Urbaner Übermut. Zugleich wartet sie mit jenen englischen Traditionen auf, deren Charme man sich kaum entziehen kann. Wohltuend schön, amüsant und immer auch ein bisschen klischeebehaftet.

London ist eine wunderbare Stadt für Neugierige. Ständig tun sich Orte auf, die einem unbekannt sind, die überraschen und im Nu das Herz erobern. Und dann gibt es Orte, an die man gerne zurückkehrt. Weil sie eine besondere Wirkkraft haben, weil sie anrühren und glücklich machen. Das kann die Stimmung in einer bestimmten Straße sein, der Charme eines Cafés, der Duft auf einem Markt, die Stille in einem Park. London hält viele Glücksorte bereit, da die Stadt von allem ein bisschen ist: dynamisch, kreativ und innovativ, dann wieder verschlafen und entrückt. London ist grün und urban, schrill und leise, aufgekratzt und feinsinnig. Immer aber ist London ein großartiges Fest der Kulturen, ein Schmelztiegel unterschiedlichster Sprachen, Ethnien, Religionen und Lebensweisen und eine Stadt der Toleranz und des Respekts. Und das ist das größte Glück. Ich wünsche Ihnen allen viel Spaß beim Eintauchen in dieses Gefühl – und beim Entdecken unbekannter und Wiederentdecken bekannter Glücksorte.

Ihre Katy Schlegel

GLÜCK

Deine Glücksorte ...

... noch mehr Glück für dich

Mit Charme & Geschichte

1 Cabmen's Shelter am Russell Square

Doppeldeckerbusse gehören genauso zum traditionellen Londoner Stadtbild wie die leuchtend roten Telefonzellen und Briefkästen oder die schwarzen knubbeligen Taxis. Ja, die Briten haben ein Händchen für farbenfrohe Traditionen. Da wundert es auch wenig, wenn man mitten auf dem Russel Square in Bloomsbury auf eine kleine grüne Hütte stößt. Mit ihrem geschnitzten Dachfirst, dem Schornstein auf dem Schrägdach, den Blumentöpfchen und den Spitzengardinen gleicht sie einer urigen Waldhütte – oder einem verlockenden Hexenhäuschen: Tee und Kaffee für 1 Pfund verheißt eine schwarze Tafel, außerdem Egg & Bacon Sandwiches, Baked Beans und hausgemachte Suppe, alles zu fairen Preisen. Das Angebot richtet sich in erster Linie an die *cabmen* der Stadt, also die Taxifahrer, die tagein, tagaus irgendwo zwischen King's Cross Station, Kensington High Street und Canary Warf hin und her fahren. Doch auch Nachbarn, Pendler und Passanten machen hier Halt, trinken eine Tasse Tee oder essen einen schnellen Lunch. Für erschöpfte Großstadt-Entdecker ist die kleine Bank vor der Hütte der perfekte Ort, um einen „echt britischen" Zwischenstopp einzulegen – die Sitzgruppe in der Hütte ist ohnehin für die Taxifahrer reserviert. Die ersten „Cabmen's Shelters" kamen gegen Ende des 19. Jahrhunderts auf, als auf Londons Straßen noch Pferdekutschen unterwegs waren. Während die zahlende Kundschaft in den kuscheligen Droschken Platz nahm, waren die armen Kutscher oben auf den Kutschböcken permanent Wind und Wetter ausgesetzt. Damit sie sich im Winter bei einer Tasse Tee oder einer heißen Mahlzeit in der Nähe ihrer Gespanne aufwärmen konnten, aber auch um zu verhindern, dass sie allzu häufig in den Pubs Zuflucht suchten, ließ der Earl of Shaftesbury im Januar 1875 die erste solche „Schutzhütte" bauen. Weitere 60 folgten bis 1914, über ganz London verteilt – keine größer als ein Pferdegespann. Heute stehen noch dreizehn Stück. Sie sind denkmalgeschützt und auf jeden Fall einen Besuch wert.

- Cabmen's Shelter, 23 Russell Square, London WC1B 5EA
- ÖPNV: U-Bahn Piccadilly Line, Haltestelle Russell Square

THE LITTLE
GREEN HUT
Jacket Potatoes
with cheese, beans
bacon, Tuna mayo
1 filling - £3.95
2 fillings - £4.50
* Porridge Pot - £1.80
add honey, Jam, chocolate
or berries - £2.20

Süßes Glück in Chinatown

2 Taiyaki bei Bake 麵包屋

Wie schmeckt Glück? Die Frage ist ungefähr so leicht und eindeutig zu beantworten wie die Frage danach, wo es zu finden ist. Die einen knüpfen ihre Antwort an Sterne, andere an geheime Zutaten, Erinnerungen, wohlgehütete Rezepte. Außerdem gibt es zweifelsohne eine Menge Zubereitungsarten, Geschmacksrichtungen und Toppings, die dem persönlichen Glücksgefühl auf die Sprünge helfen. Trotzdem steht fest, dass man der Antwort mit einem Taiyaki in der Hand ein kleines bisschen näher kommt. Und sei es nur symbolisch.

Taiyaki – das ist ein wunderbar süß-knuspriges Gebäckstück aus Japan, das in der Form eines Fisches daherkommt. In der kleinen asiatischen Bäckerei „Bake 麵包屋" in Chinatown gibt es die aus Waffelteig frisch gebackenen Kiemenfreunde in mini, hier hüpfen sie einem direkt in den Mund und zergehen auf der Zunge. Es gibt sie aber auch mit weit aufgesperrtem Maul in maxi. Dann werden die süßen Fische mit cremigem Softeis gefüllt. Entweder schick in Grün, mit Matcha-Eis, oder in Pastellgelb, mit Vanille-Eis. Das Resultat, das man an der Schwanzflosse zu fassen bekommt, sieht nicht nur ziemlich hübsch aus, es ist auch sehr lecker! Das perfekte Nascherl, um den Lebensgeistern nach einer Tour durch die City wieder auf die Beine zu helfen.

Das Glück umgibt die Eisspezialität aber nicht nur geschmacklich. Wörtlich übersetzt heißt Taiyaki „gebackene Seebrasse". Klingt nicht verheißungsvoll? Dazu muss man wissen, dass die Seebrasse (tai) in der japanischen Kultur als königlicher Fisch gilt und daher immer auch als Glücksbringer bei wichtigen Ereignissen wie Hochzeiten oder Geburten in Erscheinung tritt. In der süßen gebackenen Variante tauchten die Fische erstmals gegen Ende der Meiji-Periode auf. Das war 1909 in einer kleinen Bäckerei in der Präfektur Tokio. Doch während die süßen Hupferl in Japan traditionell mit Anko, einer süßen Paste aus roten Adzukibohnen, gefüllt werden, bleibt bei „Bake 麵包屋" in Chinatown die Softeis-Variante der Renner.

- Bake 麵包屋, 9 Wardour St, London W1D 6PF
- ÖPNV: U-Bahn Piccadilly oder Bakerloo Line, Haltestelle Piccadilly Circus

Brutal schön

3 Das Barbican Conservatory

Es kommt nicht oft vor, dass Natur und Architektur einander derart unversöhnlich gegenüberstehen wie auf dem 16 Hektar großen „Barbican Areal" in der Londoner City – und gleichzeitig gehen sattes Grün und braungrauer Waschbeton selten eine harmonischere Verbindung ein als hier. Der Barbican-Komplex gilt als Londons Paradebeispiel des Brutalismus, jenes futuristischen Architekturstils, der mit der Idee eines neuen, städtischen Zusammenlebens einst Fortschritt symbolisierte und doch seit jeher so umstritten ist wie kaum ein anderer. Im Fokus steht der verarbeitete Baustoff: roher Beton, im Französischen *béton brut* genannt, der zwischen 1950 und1975 weltweit Einzug in der Architektur hielt und so namensgebend für den schnörkellosen Baustil wurde.

TIPP
Kostenfreie Tickets werden freitags zur Buchung freigeschaltet.

Im Barbican ist es genau dieses unnahbar wirkende Baumaterial, auf dessen Fundament in den 80er-Jahren eine utopisch wirkende innerstädtische Oase entstand. Über mehrere Ebenen erstreckt sich hier Londons zweitgrößtes Gewächshaus, das „Barbican Conservatory", ein Ort an dem utopisches Denken greifbar zu werden scheint. Ursprünglich war die Glas- und Stahlkonstruktion als Sichtschutz gedacht, um die monströse Betonfläche des Theaterturms zu verdecken. Heute wachsen mehr als 2000 verschiedene Pflanzenarten unter der pyramidenartigen Gewächshausarchitektur, darunter einige sehr seltene und vom Aussterben bedrohte. Doch was dem Ort seinen eigentlichen Reiz verleiht, ist die Faszination der Gegensätze. Auf der einen Seite die verwitternde Fassade einer monumentalen Bauweise, auf der anderen die Kraft der Natur, die im üppigen Grün der bis unters Glasdach reichenden Pflanzen ihren Ausdruck findet. Schöner kann sich ein *urban jungle* kaum präsentieren. In zwei massiven Bassins schwimmen Zierfische aus Japan und Amerika, in einem dritten tauchen neugierige Wasserschildkröten auf und wieder unter. Wer die Vegetation der gemäßigten Zonen bevorzugt, findet im Kakteenhaus eine Vielzahl eindrucksvoller Kugel- und Säulenkakteen.

- Barbican Conservatory, Barbican Centre, Silk Street, London EC2Y 8DS
www.barbican.org.uk
- ÖPNV: U-Bahn Circle, City oder Metropolitan Line, Haltestelle Barbican oder U-Bahn Northern Line, Haltestelle Moorgate

Noch einmal Kind sein

4

Benjamin Pollock's in Covent Garden

Leuchtende Kinderaugen, vergnügte Erwachsene, die neugierig Knöpfe drehen, Klappen öffnen, Minidrehorgeln anstimmen. Benjamin Pollock's Toy Shop ist ein wunderbar schnörkeliger Spielzeugladen im Herzen von Covent Garden, jenen belebten Markthallen im Londoner Westend, in denen früher Obst- und Gemüsehändler, Blumenverkäufer und Wunderdoktoren ihre Waren feilboten. Die klapprigen Marktstände der fliegenden Händler sind längst verschwunden, stattdessen prägen arrangiertes Kunsthandwerk, edle Boutiquen und schicke Cafés das Bild der lichtdurchfluteten Hallen. Dennoch herrscht unter den restaurierten Stahlträgern nach wie vor eine ganz besondere Marktatmosphäre. Ob es an dem bunten Treiben liegt, an dem internationalen Stimmengewirr oder an den Straßenkünstlern, die für Unterhaltung sorgen, ist schwer zu sagen. Fest steht, dass es für den traditionellen Spielzeugladen kaum eine bessere Adresse geben könnte als diese historischen Markthallen. Eine enge, beinahe steile Treppe führt in die obere Etage. Mit jeder Stufe rückt der geschäftige Trubel ein bisschen mehr in den Hintergrund, bis die hektische Betriebsamkeit schließlich weit weg ist und man Eintritt erhält in eine fantasievolle andere Welt. Feingliedrige Marionetten, klassisches Holzspielzeug, vor allem aber filigrane Papiertheater füllen jeden erdenklichen Winkel des Geschäfts. Von ihnen geht etwas Zauberhaftes aus. Zusammengesteckt und -gefaltet lassen sich auf ihnen große und kleine Opern-, Theater- und Ballettaufführungen nachspielen oder neue erfinden.

TIPP

Nach einem ausgiebigen Bummel durch die Markthallen im Garten der Actors' Church die Stille genießen.

Die Anfänge des Ladens lassen sich bis in die 1850er-Jahre zurückverfolgen, als der junge Benjamin Pollock die Tochter eines Druckers heiratete, der auf Miniatur-Papptheater spezialisiert war. Seit nunmehr über 160 Jahren verzaubert „Benjamin Pollock's Toy Shop" ganze Generationen von Kindern – und Erwachsenen, die sich ein Stück Kindheit bewahrt haben. Zu Letzteren gehörten bereits Charlie Chaplin und *Schatzinsel*-Autor Robert Louis Stevenson.

- Benjamin Pollock's Toy Shop, 44 The Market, Covent Garden, London WC2E 8RF
www.pollocks-coventgarden.co.uk
- ÖPNV: U-Bahn Piccadilly Line, Haltestelle Covent Garden

Victorian Scraps
£ 1·50 plain

Schiff Ahoi!

5 Auf der Themse schippern

Zurücklehnen. Durchatmen. Sich treiben lassen. An Deck eines der Boote, die in gemächlichem Tempo über die Themse schaukeln. Das entspannt das Gemüt. Die „River Boats“ sind der ideale Rückzugsort, wenn die Seele einmal nach einer Pause von der Stadt mit den vielen Menschen und der permanenten Reizüberflutung ruft. Hier kann man Kraft tanken und die Gedanken – gleich dem Wasser unter sich – fließen lassen. Eine leichte Brise im Haar und idealerweise die Sonne auf der Nasenspitze.

Langsam geht es vorbei an ehemaligen Docks und alten Speichern. Modernen Wolkenkratzern, gläsernen Wohnanlagen und futuristischer Stadtarchitektur. Unter der Tower Bridge hindurch. An bemoosten Kaimauern entlang. Der Perspektivwechsel tut gut, auch wenn die Ansichten selten idyllisch sind. Sie sind urban. Von hoher Dichte. Vor allem, wenn man den östlichen Teil der Londoner Themse entlangschippert, zwischen Westminster und Greenwich. Moderne Großstadtansichten. Und zwischendrin berühmte Sehenswürdigkeiten wie St. Paul's Cathedral, der Tower, die Tate Modern, das London Eye … Um einiges beschaulicher und luftiger geht's im Westen zu. Richtung Richmond und Kingston. Auf diesem Stück schmiegen sich Parks an das Ufer der Themse. Verträumt und stadtvergessen. Herrschaftliche Häuser wie das Syon House, Hampton Court Palace oder das Marble Hill House überblicken den Fluss. Sie stammen aus einer anderen Zeit. Insgesamt legen die städtischen Schiffe rund 50 Kilometer zurück, und auch wenn London nicht direkt am Meer liegt, spürt man den Einfluss der weiter flussabwärts liegenden Nordsee doch unweigerlich. Da ist das Kreischen der Möwen über den Köpfen, die Gezeiten lassen den Flusslauf bis zu 7 Meter an- und wieder abschwellen. Außerdem ist die Luft am Wasser stets frisch. Einst war der Port of London der größte Hafen der Welt. Heute ist er nurmehr der zweitgrößte Großbritanniens. Und doch ist die Themse noch immer in vielerlei Hinsicht die Lebensader und das Herz Londons.

TIPP

Um die langen Schlangen in Westminster zu vermeiden, am besten in Greenwich starten.

● River Bus Services, betrieben von Thames Clippers, www.thamesclippers.com, oder Sightseeing Tour z. B. mit City Cruises www.cityexperiences.com/london/city-cruise

Sonnengeküsst im Innenhof

6 Auf kulinarischer Weltreise im Kingly Court

Zugegeben, den Eingang zum „Kingly Court“ muss man ein bisschen suchen. Doch schon wenn man durch das Tor tritt und dem dahinterliegenden Gang zum Hof folgt, bekommt man unweigerlich gute Laune. Ob es an den knallig bunten Farben der Fassaden liegt, an der lebhaften Atmosphäre unter den mediterranen Sonnenschirmen oder ganz einfach daran, dass man in einer Art urbanem Food-Paradies gelandet zu sein scheint, ist schwer auszumachen und im Endeffekt auch unerheblich. Entscheidend ist, dass man auf den drei Etagen des offenen Hinterhofs den Appetit auf beinahe alles erdenkliche Essbare befriedigen kann. Auf etwas Gesundes mit einem Beeren-Smoothie oder einer brasilianischen Acai-Bowl. Auf etwas Herzhaftes mit karibischem Huhn, peruanischem Barbecue, panasiatischem Kimchi und Sushi, israelischem Brunch im Street-Food-Style oder nahöstlichem Gourmet-Kebab. Auf etwas Süßes zum Beispiel mit einem verführerischen Cup Cake. Ein Spaziergang entlang der Balustraden zum Innenhof gleicht einer kulinarischen Weltreise. Und eins steht fest: Mit den 21 internationalen Concept Restaurants und Cafés wird es einem nicht leicht gemacht, eine Entscheidung für die eine oder andere Küche zu treffen. Am besten also man bringt viel Hunger mit oder schaut öfter mal vorbei. Mit etwas Glück kann man einen der luftig-hellen Plätze am Fenster ergattern – vorzugsweise weiter oben, weil dann die Sonnenstrahlen noch über den Teller tanzen, unbestritten die wohl beste geheime Zutat der Kingly-Court-Affaire. Ganz leicht kann man hier Zeit vertrödeln, das lebhafte Treiben beobachten und den Augenblick genießen.

Noch vor hundert Jahren war Carnaby – und damit auch der Kingly Court – eine Gegend, in der Tuchmacher, Stoffhändler und das Schneiderhandwerk zu Hause waren. Die heute so bunten und hübschen Läden waren zu jener Zeit einfache Wohnungen oder Werkstätten und Fabriken. Erst in den 1960er-Jahren zog das Viertel die kreative Szene an und wurde zum weltbekannten Hotspot für Mode, Design und Musik.

● Kingly Court, Soho, London W1B 5PW
www.carnaby.co.uk

● ÖPNV: U-Bahn Bakerloo, Central oder Victoria Line, Haltestelle Oxford Circus oder U-Bahn Bakerloo oder Piccadilly Line, Haltestelle Piccadilly Circus

Im Rausch der Farben

7

Der Columbia Road Flower Market

Munter recken die Sonnenblumen ihre Köpfe empor. Lavendelduft liegt in der Luft. Dahlien, Ranunkeln, Hortensien und Rosen liefern sich ein farbenfrohes Stelldichein. Dazwischen Grüntöne in allen Nuancen und Schattierungen, bizarr anmutende Sukkulenten und zeitlose Kakteen. Willkommen auf dem „Columbia Road Flower Market" – dem Glücksort für alle Blumenfreunde, für Pflanzenliebhaber und Farben-Fans. Jeden Sonntagmorgen erwacht die enge, kopfsteingepflasterte Straße im Osten Londons zum Leben, wenn sich mehr als 50 Markthändler vor den niedrigen Backsteinbauten einfinden, um ihre bunte Pracht feilzubieten. Schon um sechs Uhr herrscht reges Treiben. Karren werden hin- und hergeschoben, Zeltplanen gespannt, Kübel voller Blumen aneinandergereiht, bunt, knallig und wild. Der graue Beton ist rasch unter einer wunderbar inszenierten Blumenwiese verschwunden, die dunstige Müdigkeit wie von Zauberhand weggefegt. Es ist herrlich inspirierend, an den unterschiedlichen Ständen vorbeizuschlendern, sich der Farb-Kraft hinzugeben und unter all den Gewächsen die schönsten Blüten zu finden – und sei es nur, um durch den Anblick die Seele zu streicheln.

TIPP

Nach dem Blumenshopping im „Café Columbia" einen Bagel essen.

Die Anfänge des Blumenmarktes reichen ins 17. Jahrhundert zurück, als sich in der Gegend französische Hugenotten ansiedelten. Im Gepäck hatten sie ihre Begeisterung für Schnittblumen und Singvögel – nicht ohne Grund gibt es am Ende der Straße einen Pub mit dem Namen „The Birdcage". Der Markt hat viele Höhen und Tiefen gesehen. Dass es ihn heute überhaupt noch gibt, ist der Beharrlichkeit der Händler und Anwohner zu verdanken. Und er ist durchaus beliebt. Wer es also am Sonntagmorgen aus dem Bett und in die Columbia Road schafft, sollte früh aufschlagen und unbedingt nach dem Blumenshopping noch eine Runde drehen. Hinter den Ständen verbergen sich viele unabhängige Läden, kleine Galerien, Antik-Shops und feines Kunsthandwerk. Man kann in einem der Cafés brunchen, im Pub Fish & Chips essen oder einfach ein bisschen Live-Musik genießen.

● Columbia Road Flower Market, Columbia Road, London E2
www.columbiaroad.info

● ÖPNV: U-Bahn Northern Line, Haltestelle Old Street oder U-Bahn Central Line, Haltestelle Bethnal Green

£15-
£25-

Steinerne Geschichten

8 Auf Zeitreise in All Hallows by the Tower

Als unter William dem Eroberer im Jahr 1066 der Grundstein für den Tower of London gelegt wurde, stand die kleine Kirche der Sachsen bereits seit 400 Jahren auf dem nahegelegenen Hügel, der heute den Namen Tower Hill trägt. Ihre Anfänge gehen auf das Jahr 675 zurück, als Erkenwald, der damalige Bischof von London, „All Hallows" als Kapelle der Abtei Barking gründete. Doch anders als das berühmte Wahrzeichen nebenan ist die den Heiligen gewidmete Kirche ein ruhiger Ort, ein Ort der Besinnung und der inneren Einkehr. Außerdem finden sich im Kircheninnern spannende Hinweise aus längst vergangenen Epochen – man muss zwar ein bisschen auf Spurensuche gehen, denn von der ursprünglichen Architektur ist nur noch wenig erhalten. Aber wahrscheinlich ist es gerade das, was die älteste Kirche der City zu einem etwas ins Abseits gerückten, nostalgischen Glücksort macht.

TIPP

Ein original English Breakfast gibt's direkt nebenan im „Café Byward – Kitchen and Bar".

Die Zeitreise startet am besten im Untergrund der Kirche. Gleich am Fuße der steilen Wendeltreppe, die in die Krypta hinabführt, stößt man auf die Überreste einer alten Straße. Die Pflastersteine stammen aus der Zeit, als Britannien blühende römische Provinz war und die städtische Siedlung an der Themse den Namen Londinium trug. Beim weiteren Gang durch das Kellergewölbe kann man im Krypta-Museum einige Zeugnisse aus der Zeit der Römer, der Sachsen und Normannen bestaunen, darunter filigrane römische Töpferwaren oder altangelsächsische Steinmetzkunst. Den schweren steinernen Altar am östlichen Ende der Krypta sollen Kreuzritter nach dem Rückzug aus Jerusalem aus der Pilgerfestung Athlit mitgebracht haben – wer genau hinsieht, erkennt das Kreuz des Templerordens an der Frontseite. Die geschichtliche Spurensuche kann im Obergeschoss fortgesetzt werden. Besonders beeindruckend ist ein großer Torbogen aus dem 7. Jahrhundert. Für dessen Bau haben die mittelalterlichen Architekten kreatives Upcycling betrieben und kurzerhand die vorhandenen römischen Bodenfliesen aus dem 2. Jahrhundert wiederverwendet.

- All Hallows by the Tower, Byward Street, London EC3R 5BJ
  www.ahbtt.org.uk
- ÖPNV: U-Bahn Circle oder District Line, Haltestelle Tower Hill

Streiflichter der Großstadt

9 Im Doppelstockbus durch Londons Straßen

Ein gereckter Hals, ein suchender Blick. Die Nase klebt schon fast an der Fensterscheibe des Doppeldeckerbusses. Irgendwo weiter unten schlängelt sich ein mit Federn und Pompons geschmücktes Fahrrad durch den Verkehr. Der Fahrer tritt fest in die Pedale, die bunten Puschel flattern im Wind, dann ist das merkwürdige Vehikel aus dem Blickfeld verschwunden. Doch eins ist sicher: Die nächste „Sehenswürdigkeit" wird nicht lange auf sich warten lassen, denn eine Busfahrt auf dem oberen Deck – am besten natürlich in der vordersten Reihe – führt einem nicht nur wunderbar unaufgeregt die großen Touristenattraktionen vor Augen. Vor allem bekommt man die Stadt mit ihren unterschiedlichen Vierteln, mit ihren vielen Gesichtern noch einmal neu vorgestellt. Unverblümt, direkt und oft ungeschminkt. Ein bisschen ist es so, als würde man in einem Bildband mit Straßenfotografien von Henri Cartier-Bresson blättern. Zufällige Momentaufnahmen eröffnen sich einem, Stadtansichten, ehrliche Ausschnitte des urbanen Panoramas. Manchmal sind es ganz gewöhnliche Szenen, manchmal skurrile. Ein Barbier, der vor seinem Laden die Klingen wetzt, ein entzückend hergerichtetes Tortengeschäft, ganz in Rosé, Kinder in Schuluniform in Zweierreihe, schwarze Taxis, pferdestarke Motoren. In kurzen Bildausschnitten erhält man Einblick in Augenblicke, taucht ein in die Stadt, ihren Rhythmus, ihren Flow. Man sitzt nur zwei Meter über den Fußgängern auf dem Gehsteig, doch dieser Höhenunterschied bringt einen Perspektivwechsel mit sich, der zugleich enthebt und einbezieht – und erstaunlich glücklich stimmt.

Um die Busse nutzen zu können, braucht man entweder eine Oyster Card, ein Tages- oder Wochenticket, oder man nutzt die Kontaktlos-Funktion der Kreditkarte. Mitunter muss man dem sich nahenden Bus ein Zeichen geben, damit er auch wirklich an der Haltestelle stoppt. Wer nicht unangenehm aus der Reihe tanzen will, stellt sich in die Schlange. *Queuing* ist *very british* und gilt natürlich auch an der Bushaltestelle.

● Transport for London, www.tfl.gov.uk

ALDWYCH WC2
Blackwall

Über den Dächern

10 Die Rooftop-Bar Netil360

„Bei uns trägt man weder Anzug noch Stilettos“, bekennt Ben Revill, der Mann hinter dem Konzept der Rooftop-Bar „Netil360“. Dafür findet man hier einen herrlich gemütlichen Dachgarten vor mit chilliger Lounge-Musik und entspannten Leuten, Lichterketten, Höhenluft und einem wunderbaren Blick über die Stadt. Irgendwo unten schlängelt sich ein Zug durch Häuserschneisen. Das Auge streift rotbraune Ziegelsteinwände, schwarze Dächer, Graffiti. Pures Großstadtfeeling. Am Horizont die Skyline der City mit ihren modernen Hochhäusern. Spektakulär.

Das „Netil360“ ist eine ungeschliffene Perle im Osten Londons. Nachmittags sonniger Rückzugsort, Café und Arbeitsplatz, abends Bar und Biergarten. Jeder ist willkommen und soll ein Plätzchen finden – entweder an einem der Holztische im wettergeschützten Dachpavillon, auf den Sitzkissen unter freiem Himmel oder an der Panoramabrüstung. Daher gibt es auch nicht die in London sonst so üblichen Reservierungen oder exklusiven Gästelisten. Im Gegenteil, die Atmosphäre ist offenherzig und authentisch. Wer direkt nach der Arbeit in Hemd und Krawatte vorbeikommt, der kann spätestens jetzt den obersten Knopf öffnen, den Knoten lockern und den Kopf freikriegen. Wohlfühlen und entspannen heißt die Devise. Das Glitzern der Diskokugeln und das unprätentiöse Umfeld in der luftigen Höhe schaffen die besten Voraussetzungen dafür. Die Bar ist unter Londonern zwar längst kein Geheimtipp mehr, doch das kreative urbane Flair ist bei jedem Besuch erneut ein Genuss.

Der Dachgarten befindet sich auf dem weitläufigen Flachdach des „Netil House“, eines typischen Ost-Londoner Industriehauses, und ist nur einen Katzensprung vom „Hackney Broadway Market“ entfernt. Der Weg führt durch die Glastür, die von der Hauptstraße abgeht, dann nach rechts, das grün-weiße Treppenhaus hinauf, immer den Pfeilen nach. Oben angekommen, kann man sich einfach von den Vibes treiben lassen. Das Großstadtglück kommt von ganz alleine.

● Netil360, Netil House, 1 Westgate Street, Hackney, London E8 3RL
www.netil360.com

● ÖPNV: U-Bahn Central Line, Haltestelle Bethnal Green oder Overground Train, Haltestelle London Fields

Film ab!

11 Kino deluxe im Electric Cinema

Die Magie der Illusion setzt im „Electric Cinema" schon ein, bevor der Film auf der Leinwand überhaupt startet. Unter der gewölbten Kuppel des leicht nach vorne abfallenden Kinosaals verlieren Raum und Zeit an Bedeutung. Üppige Kronleuchter dämmen das Licht, weiche Samtteppiche die Schritte, fluffiges Interieur das Wirklichkeitsempfinden. Wenn man schließlich in einen der großzügigen Ledersessel sinkt oder sich auf einer der Chaiselongues ausstreckt, in eine Kaschmir-Decke kuschelt und am Weinglas nippt, ist es ganz und gar um einen geschehen – kaum vorstellbar, dass man hier jemals wieder herauskommt! Zum Glück muss man das meist erst einmal gar nicht, zumindest eine Spielfilmlänge lang.

Mit dem auffälligen Art-déco-Tonnengewölbe und der markanten Leuchtschrift ist das Kino im angesagten Stadtteil Notting Hill eine echte Design-Ikone. Es wurde nach den Plänen des Architekten Gerald Seymour Valentin gebaut und im Februar 1911 eröffnet, stammt also aus der Zeit, als die bewegten Bilder nicht mehr nur Teil einer Schaubudenattraktion, eines Zirkus oder eines Varieté-Theaters waren, sondern um ihrer selbst willen gebaut wurden. Seitdem hat sich das Kino auf der Portobello Road immer wieder neu erfunden. Ganzen Generationen hat es Unterhaltung und Zerstreuung geboten, die Film-Nächte in den 70ern waren legendär, genauso wie Clint, der schwarze Kino-Kater. Anfangs verfügte das Kino über 600 Sitzplätze. Die eng aufgereihten Holzstühle waren aber sicher bei Weitem nicht so bequem wie die heutigen luxuriösen Polster. Seit 2001 ist das Kino denkmalgeschützt, die Dekorationen wurden originalgetreu restauriert. Im hinteren Teil befindet sich eine kleine Bar, der Kellner-Service bringt die Snacks, den Kaffee oder den Wodka Martini sogar an den Platz. Große, rote Wassereimer mit der Aufschrift *fire* erinnern an die Zeit, als die Brandgefahr in den Lichtspielhäusern aufgrund des leicht brennbaren Filmmaterials und der heiß laufenden Technik immer mitflimmerte.

TIPP

Vor oder nach dem Film im „Electric Diner" nebenan einkehren. Reservierung nicht vergessen!

● Electric Cinema, 191 Portobello Rd, London W11 2ED
www.electriccinema.co.uk

● ÖPNV: U-Bahn Central, District oder Circle Line, Haltestelle Notting Hill Gate

10

Unterm alten Maulbeerbaum

12 Der Fountain Court in Middle Temple

Manchmal hat man das Gefühl, dass alles genau für diesen einen Augenblick vorbereitet wurde. Die Kulisse und das Licht, der Duft und das Setting, der Himmel über einem, die Geräuschkulisse. Ein Moment tiefen Glücks. In einer Millionenmetropole wie London ereilt einen dieses Gefühl nicht selten in Momenten der Stille, an historischen Orten oder an verborgenen Plätzen abseits der Hauptverkehrsrouten. Einer dieser Plätze, an denen man dem Glück ganz leise ganz nahe zu rücken vermag, ist der verträumt anmutende „Fountain Court" im Herzen von Temple, Londons altehrwürdigem Anwalts- und Gerichtsviertel, das mit seinen spitzgiebeligen *halls,* den engen, kopfsteingepflasterten Gassen und Plätzen, der Templerkirche und den geheimen Gärten wie aus der Zeit gefallen scheint.
Der Platz ist nicht groß und auch nicht prächtig, dafür aber unheimlich charmant, wenn nicht gar romantisch. Er liegt versteckt hinter einer Reihe an geschichtsträchtigen Gebäuden. Zur einen Seite grenzt er an die denkmalgeschützte „Middle Temple Hall", die Königin Elisabeth I. im Jahr 1576 eingeweiht hat. Zur anderen Seite wird er von den Außenmauern des „Essex Court" und des „Brick Court" gesäumt, an dessen nördlicher Seite eine Sonnenuhr den Juristen einst die Stunden zählte. Heute schweigt die Uhr, denn die knapp 200 Jahre alten Platanen und Kastanien haben die Höhe des Ziffernblatts längst erreicht und werfen ihre Schatten auf das Stundenmaß. Unter dem dichten Blätterdach der Bäume umgibt den Platz selbst an sonnigen Tagen eine unberührte, melancholische Stille. Roter Backstein bildet die Kulisse, wie geschaffen für Film und Literatur. Am unteren Ende des L-förmigen Platzes, genau im Knick, plätschert Wasser aus einer Fontaine und ergießt sich in ein etwa zehn Meter langes Bassin aus hellem Marmor. Die drei Steinbänke rund um den Brunnen sind angegraut. Zeitvergessen ruhen sie unter zwei knorrig-schiefen Maulbeerbäumen, als warteten sie auf neue Geschichten. Erzählen könnten sie sicher viele.

- Fountain Court, Middle Temple Lane, London EC4Y 9DH
- ÖPNV: U-Bahn District oder Circle Line, Haltestelle Temple

To be or not to be

13 Im Innenhof von Shakespeares Globe Theatre

Da ist es, das Glitzern in den Augen der Schauspieler, lebhaft und intensiv. Der Bariton des Hauptdarstellers geht unter die Haut, das Flüstern ist leise und doch durchdringend, selbst die kleinsten Bewegungen kommen unvermittelt und berühren einen. Im Innenhof des Globe Theatre kann sich kaum jemand der schauspielerischen Kraft der Akteure entziehen, denn hier, direkt vor der hölzernen Bühne, ist man ganz nah dran am Geschehen, beinahe schon mittendrin. Nur ein paar Armlängen entfernt entspinnen sich die schönsten Liebesgeschichten, die fiesesten Intrigen, die traumhaftesten Abenteuer. Es werden Ränkespiele entworfen, Schwüre ausgetauscht. Als Zuschauer taucht man ein in die Welt von Romeo und Julia, von Hamlet, Oberon und all den anderen fantastischen Figuren aus der Welt Shakespeares. Besonders eindrucksvoll ist die Erfahrung, wenn man sie stehend, mit beiden Beinen fest auf der Erde, als Teil einer Gruppe und unter freiem Himmel macht. Theaterfestival-Feeling mit Glücksgarantie.

TIPP
Vor oder nach dem Theaterbesuch in den „Swan" einkehren und den Blick über die Themse genießen.

Auch zu Shakespeares Zeiten war der Besuch des hölzernen Schauspielhauses ein lebhaftes Ereignis. Insbesondere im Parterre des offenen Innenhofs wurde gerne gegessen und getrunken, gefeilscht und gebuhlt. Einen Penny kostete der Stehplatz vor der Bühne damals. Es war enger als heute, und es ging zünftig zu. Die Leute wollten bei Laune gehalten werden, daher waren die Aufführungen immer auch durchsetzt von vitalen Clownerien und spektakulären Attraktionen. Während einer Aufführung im Jahr 1613 fing das strohgedeckte Theaterdach Feuer. Binnen einer Stunde brannte der Fachwerkbau vollständig nieder. Die Theaterverbote der Puritaner ein paar Jahre später sorgten schließlich für den vollständigen Niedergang des englischen *playhouse* und seiner fabelhaften Praxis. Umso schöner, dass man sich heute im neuen, detailgetreu rekonstruierten „Globe Theatre" in genau jenem Rahmen mit Shakespeares Stücken auseinandersetzen kann, für den er sie damals geschrieben hat.

- Shakespeare's Globe, 21 New Globe Walk, London SE1 9DT
  www.shakespearesglobe.com
- ÖPNV: U-Bahn Jubilee oder Northern Line, Haltestelle London Bridge

Globe Theatre Door 3
to Yard & Lower

Runde Sache

14 Beigel Bake in Shoreditch

Charmant, hübsch, gemütlich? Das will nicht so recht passen. Aufmachung und Interieur der kleinen Bäckerei am oberen Ende der Brick Lane sind so schlicht wie funktional. Nicht selten bildet sich vor dem Tresen dennoch eine Schlange, die bis auf den Gehsteig hinausreicht. Hinter der Theke steht eine energische Verkäuferin. Mit kräftiger Stimme gibt sie Anweisungen an ihr Team und an die Kunden im Ladenbereich. Der Ton ist rau. Das hier soll ein Glücksort sein? Oh ja, und was für einer! Spätestens, wenn man einen der frisch zubereiteten Bagel (jiddisch: Beigel) in der Hand hält, wird klar, warum. Die runden Brötchen mit dem Loch in der Mitte sind hier legendär und stadtbekannt. Sie sind supersoft, üppig belegt und ungemein lecker. Am bekanntesten ist die Variante mit Beef, Senf und Gewürzgurke, dicht gefolgt von der mit Frischkäse und geräuchertem Lachs. Für diese ordentliche Portion Beigel-Glück kommen die hungrigen Gemüter aus ganz London. Jung und Alt. Zu jeder Uhrzeit. Early Birds treffen sich zum Frühstück, Nachteulen stillen ihren Mitternachtshunger. Sweethearts krönen ihre Bestellung mit süßen Gebäckstücken.

„Beigel Bake“ ist einer der ältesten Bagel-Shops in London – und eine Ikone. Lange bevor Coffee Shops, Secondhand-Läden und südasiatische Restaurants die Brick Lane eroberten, war das Viertel rund um die etwa einen Kilometer lange Straße im Osten der Stadt der Lebensmittelpunkt einer großen jüdischen Gemeinde. Straßennamen waren in jiddischer Sprache geschrieben, es gab eine Synagoge und zahlreiche koschere Läden und Restaurants. Heute hat sich das jüdische Zentrum in den Norden Londons verlagert, aber zwei Beigel Shops sind geblieben. Beide bereiten das Backwerk nach traditioneller Art zu. Bei Beigel Bake sind das 2000–3000 Stück am Tag! Sie werden direkt im Laden geknetet und geformt, gekocht und gebacken. Es gibt wenige Orte in London, die so authentisch sind. Und eines ist sicher: Hier kommen Menschen und Geschichten zusammen.

● Beigel Bake, 159 Brick Lane, London E1 6SB, Tel. +44 20/7 29 06 16
www.bricklanebeigel.co.uk

● ÖPNV: U-Bahn Northern Line, Haltestelle Old Street oder Overground Haltestelle Shoreditch High Street

Flüstern im Laubengang

15

Der vergessene Pergola-Garten in Hampstead

Einen zauberhaften Rückzugsort wollte Lord Leverhulme für sich und seine Familie, für Freunde und Bekannte schaffen, als er 1905 oben auf der Anhöhe von Hampstead den „Pergola Garden" anlegte. Unterhaltsame Gartenpartys mit noblen Gästen ganz in der Nähe seiner herrschaftlichen Villa hatte der erfolgreiche Seifenhersteller im Sinn, Spaziergänge mit Weitblick und eine Ruhe-Oase für laue Sommerabende. Ihm schwebte ein erhöht liegender Laubengang vor, der sich nahtlos in die Landschaft einfügte und zugleich über sie hinauswuchs wie ein großes Rankgitter, das im Laufe der Zeit von Kletterpflanzen verschlungen wird.

In dem seinerzeit weltbekannten Landschaftsgärtner Thomas Mawson fand er den perfekten Partner zur Umsetzung seiner extravaganten Ideen. Mawson kreierte mit dem „Hill Garden and Pergola" einen wunderbar romantischen Garten im italienischen Stil. Eine zeitlose Wohlfühloase und ein vorzügliches Beispiel edwardianischer Gartenbaukunst. Er legte über Treppen und Laubengänge miteinander verbundene Terrassen an, platzierte Balkons und steinerne Balustraden, schuf verwunschene Nischen und romantische Pavillons. Beim Bau kam ihm zugute, dass unweit die Arbeiten am Ausbau der Northern Line große Mengen an Erde aus der Tiefe hervorbrachten, die er für die Anhebung nutzen konnte. Um dem Garten den Charme wilder Natürlichkeit zu verleihen, entschied er sich für Pflanzen, die wenig Pflege bedürfen, die mehrjährig klettern und ranken.

Heute liegt ein Hauch von Magie über diesem Ort im Norden Londons. Die Zeit hat den Glanz der ersten Tage etwas getrübt. Moos hat sich auf den alten Steinen festgesetzt, Kletterrosen ranken an den Säulen empor, Efeu und knorriger Wein. Ganz heimlich scheint die Pflanzenwelt den Ort zu umschließen. Zugleich hat man das Gefühl, dass die Uhren hier oben stehen geblieben sind. Von irgendwoher, aus einer anderen Zeit, ist das fröhliche Klirren von Champagnergläsern zu hören. Und das ferne Stimmengewirr von Partygästen.

TIPP

Wochentags ist der Garten besonders still, an Schlechtwettertagen besonders romantisch.

● The Hill Garden and Pergola, Inverforth Close, Hampstead, London NW3 7EX
● ÖPNV: U-Bahn Northern Line, Haltestelle Hampstead

Auf Schatzsuche

16 Joli Vintage Shop in Greenwich

Schon ein Blick durch das liebevoll arrangierte Schaufenster offenbart: Hier schlummern Schätze! Rüschen, Perlen und Taschen, Tweed, eine alte Truhe, 20er-Jahre-Hüte, ein antikes Telefon, Emaille-Tassen und hübsches Kinderspielzeug. Ein bisschen fühlt es sich an, als würde man durch das Fenster einer privaten Stube blicken. Alles ist fein säuberlich gestaltet und aufgebaut. Unvorstellbar, jetzt einfach weiterzulaufen, die Ladentür nicht doch einmal aufzustoßen und kurz einzutreten.
Die kleine, sehr charmante Vintage-Boutique unweit der Cutty Sark in Greenwich wird seit vier Jahren von Jo Khalef mit viel Liebe geführt. Die Auswahl der Stücke trifft die erklärte Herzen-Sammlerin selber. Und sie ist wählerisch. Nicht alles kommt auf ihre Kleiderstangen und in die Regale. Denn in erster Linie geht es ihr darum, Stücke zu finden, die das gewisse Extra haben, die durch irgendetwas anrühren, verzaubern. Dass sie dafür ein Händchen hat, beweist ihr wohltemperiertes Angebot, das die Herzen von Secondhand-Liebhabern höher schlagen lässt. Extravagante sowie zeitlos schöne Kleidungsstücke hängen zwischen den dazu passenden Vintage-Möbeln und Wohnaccessoires. Das Style-Repertoire umfasst sowohl Männer- als auch Frauenmode aus vergangenen Zeiten, es reicht von Krawatten über Designer-Anzüge, festliche 90er-Jahre-Kleider und zarte Blusen bis hin zu Mänteln, Hüten und Handtaschen. Dazu serviert der Laden eine wunderbare Auswahl an ausgefallenen Accessoires, an Möbelstücken und Haushaltswaren, darunter Gehstöcke und Schirme, englische Tee-Sets, Serviettenringe, Körbe, Besteck und vieles mehr. Egal, ob man die Boutique zum Shoppen oder nur zum Staunen betritt: Jo freut sich über jeden Besuch. Denn sie kommt gerne mit Menschen ins Gespräch, die ihre Begeisterung für *pre-loved pieces,* also für alte, bereits anderweitig geliebte Einzelstücke und Kostbarkeiten, teilen. Vor allem aber schätzt sie es, wenn Kunden beim Stöbern genau das Teil finden, das sie schon lange gesucht haben.

- Joli Vintage Living, 7 Nelson Road, Greenwich London SE10 9JB
www.jolivintageliving.com
- ÖPNV: DLR-Bahn, Haltestelle Cutty Sark oder South East Trains, Haltestelle Greenwich Station

OGDEN'S
St. JULIEN
TOBACCO

1000 Shades of Green

17 Tropik im viktorianischen Gewächshaus

Die beschlagenen Glasscheiben und die herabrinnenden Tropfen haben etwas Traumverlorenes. Zugleich wirken sie wie eine tropische Vorwarnung. Und tatsächlich! Kaum setzt man einen Fuß in das beeindruckende Gewächshaus aus dem 19. Jahrhundert, schlägt einem feuchtwarme Schwüle entgegen. Dunst hängt in der Luft und legt sich wie ein Schleier über alles. Das Haar, die Kleidung, die Sicht. Er reflektiert das Licht, dämpft die Lautstärke und trübt die Sinne. Vor allem aber überzieht er die dichte Pflanzenwelt unter der imposanten Kuppel mit einem zarten Glanz. Unmittelbar tut sich das Gefühl auf, eine andere Welt betreten zu haben.

Gebaut wurde das „Palm House" in den Kew Gardens in den 1840er-Jahren, zu einer Zeit, da in England spektakuläre Bauwerke aus Stahl und Glas mindestens ebenso angesagt waren wie botanische Sammlungen und die systematische Erschließung fremder Welten. Entsprechend steht die Architektur des Gewächshauses ganz im Zeichen des Viktorianischen Geistes: Monumentale Eleganz kokettiert mit filigraner Schönheit, klare Formen verlieren sich in kleinteiliger Ornamentik, verspielte Elemente setzen bewusst einen Gegenakzent zur geometrischen Linienführung. Mit seinen 16.000 Glasscheiben galt das tropische Pflanzenschauhaus seinerzeit als ein Meisterwerk der Baukunst. Wen wundert's: Die schweren, schmiedeeisernen Bögen und Querrippen scheinen die Abmessungen des Gebäudes beinahe schwerelos zu überwinden, kommen sie doch ganz ohne tragende Säulen aus. Angeblich griffen die Architekten in der Konstruktion auf Techniken der Schiffbauindustrie zurück. Auch heute hat das Gebäude nichts von seiner Magie eingebüßt, im Gegenteil: Rost und eine feine Patina heben den antiken Charme nur noch mehr hervor. Zugleich hat die Art und Weise, wie das Licht einfällt, wie es sich hinter den angelaufenen, teils von der Zeit eingetrübten Glasscheiben bricht und das Grün der Pflanzen in tausend Nuancen auffächert, etwas geradezu Zauberhaftes, Entrücktes.

TIPP

Über die Wendeltreppe auf die Empore steigen: Der Blick hinab auf die Pflanzenwelt ist gigantisch.

- Palm House, Kew Gardens, Richmond TW9 3AB
www.kew.org/kew-gardens
- ÖPNV: U-Bahn District Line, Haltestelle Kew Gardens

Alte Bohle, feiner Chic

18

Stilvoll shoppen im Liberty-Kaufhaus

Die alten Dielen knarzen wohlig bei jedem Schritt. Sandelholzduft liegt in der Luft. Und ein Hauch von Jasmin. Das Licht in den holzvertäfelten Räumen ist blass, doch die Farben der Auslagen, die Warenvielfalt und die Dekorationen sind überwältigend. Jede Ecke des alten Kaufhauses wirkt wie ein Kunstwerk, jeder Verkaufstisch wie eine Inszenierung. Mal ist es eine Runde knatschgrüner Pudelstatuen, die einem ein entzücktes Lächeln auf die Lippen zaubert. Mal sind es das hyperorientalische Flair in der Teppichabteilung oder die zarten Millefleurs-Prints in der Textilabteilung. Ein Spaziergang durch die liebevoll arrangierten *departments* entführt – gleich einer Miniatur-Weltreise – in die Kunst und das Design ferner Länder. Exzentrische Kollektionen bekannter Labels überraschen ebenso wie die Kreationen junger Talente.

TIPP

Der Barbier im Untergeschoss bietet Bartpflege, Haarschnitte und starken Espresso.

Mit seinen sechs Stockwerken im Tudor-Revival-Stil, den verschachtelten Räumen und den offenen Galerien ist das „Liberty" nicht einfach nur ein Warenhaus. Es ist ein inspirierender Ort, ein Ort zum Schmunzeln und Staunen und eine der originellsten Institutionen Londons – und das seit fast 150 Jahren. Ein mit fernöstlichen Gütern beladenes Handelsschiff hatte der junge Geschäftsmann Arthur Lasenby Liberty vor Augen, als er 1875 seinen Laden eröffnete. Er war davon überzeugt mit exotischen Ornamenten und feinen Stoffen den Geschmack der Londoner Kundschaft zu treffen. Der Erfolg gab ihm recht. Binnen kurzer Zeit avancierte das „Liberty" zum angesagten Shopping-Paradies, Künstler wie Ruskin, Morris oder Rossetti gingen ein und aus, der irische Dichter und Dandy Oscar Wilde erklärte das „Liberty" gar zur „unverzichtbaren Boutique für den musischen Geist". Trotz des hohen Alters und der historisierenden Fachwerkarchitektur wirkt das „Liberty" auch heute alles andere als altbacken. Und wenn irgendwann die Beine schlapp machen, dann nichts wie ins hauseigene Café, wo es ganz wunderbar plüschige Sitzecken und warme Scones gibt.

- Liberty London, Regent Street, London W1B 5AH
www.libertylondon.com
- ÖPNV: U-Bahn Central, Bakerloo oder Victoria Line, Haltestelle Oxford Circus

Alle Augen auf St. Paul's

19 Auf der Dachterrasse des One New Change

Allzu schnell kann man die versteckte Dachterrasse auf dem Kaufhaus „One New Change" verpassen. Doch es wäre mehr als bedauerlich, diesem Aussichtspunkt in der City nicht wenigstens einen kurzen Besuch abzustatten. Immerhin bietet er eine der schönsten Ansichten auf die St. Paul's Cathedral. Groß und majestätisch erhebt sich das barocke Meisterwerk mit seiner 111 Meter hohen Kuppel unmittelbar vor den Augen der Besucher. Zum Greifen nah. Massiv, steinern und zeitlos schön. Erbaut wurde die Kathedrale zwischen 1675 und 1710 von dem seinerzeit berühmtesten Baumeister des Landes, Sir Christopher Wren, nachdem der gotische Vorgängerbau den verheerenden Flammen des Großen Feuers von 1666 zum Opfer gefallen war. Der Neubau gilt als die erste englische Kathedrale, die nach der Abspaltung von der römisch-katholischen Kirche gebaut wurde. Gerade in der Architektur des Sakralbaus sollte also das neue Selbstbewusstsein zum Ausdruck kommen. Bis ins Jahr 1962 war die Spitze der Kuppel der höchste Punkt in der Stadt.

Sechs Stockwerke und eine Fahrt in einem gläsernen Aufzug trennen die kleine Terrasse vom Straßenniveau. Das mag in einer Stadt, in der die höchste Aussichtsmöglichkeit auf knapp 250 Metern liegt, fast schon beschaulich erscheinen. Doch in diesem Viertel reicht die Höhe vollkommen aus, denn dank einer Auflage von 1938 darf die Sichtachse auf St. Paul's nicht gestört werden, und daher dürfen Bauten hier eine bestimmte Höhe nicht überschreiten. So überrascht die kleine, aber feine Dachterrasse sowohl mit einem erstaunlichen Weitblick als auch mit diesem gewissen Mittendrin-Gefühl. Außerdem befindet sich der Dachgarten im Freien, was dem Besuch einen ganz besonderen Charme verleiht. Vor allem am Abend, bevor die Sonne am Horizont untergeht, ist der Ort magisch, denn das Licht ist um diese Uhrzeit einfach ganz bezaubernd. Der Besuch des „Rooftop Garden" ist kostenlos. Drinks und Tapas gibt es in der Bar am anderen Ende der Dachterrasse.

TIPP

Im Sommer finden auf der Terrasse Yoga-Kurse und Open-Air-Übertragungen statt.

- Rooftop Terrace, One New Change, 1 New Change, London EC4M 9AF
www.onenewchange.com/roof-terrace-one-new-change
- ÖPNV: U-Bahn Circle oder District Line, Haltestelle Mansion House oder U-Bahn Central Line, Haltestelle St Paul's

Versteckte Delikatessen

20 Bei Paul Rothe & Son in Marylebone

Wenn Stephen die *soup of the day* an einen der zehn Tische bringt, wirkt der hochgewachsene Mann mit den freundlichen Augen konzentriert. Er ist der *Son* in dem Firmennamen und führt das charmante Delikatessengeschäft im Herzen von Marylebone in der vierten Generation. Über dem karierten Hemd trägt er einen weißen Kittel, genauso wie sein Vater, der hinter dem Tresen Bestellungen entgegennimmt, eifrig Butter auf frische Brotscheiben schmiert und Feinkostsalate auf kleinen Tellern platziert. Okay, im Zeitalter moderner Coffeeshop-Kultur mag das Outfit ein wenig *old fashioned* wirken. Doch in dem ehemaligen Krämerladen haben Kittel Tradition: Blütenweiß und frisch gestärkt wurden sie schon von Stephens Großvater getragen – und von dessen Vater, der einst aus Sachsen kam, um in London sein Glück zu suchen. Das war Anfang des 20. Jahrhunderts. Damals gingen hier noch ganze Brotlaibe über den Tresen, Konservendosen, Obst und Gemüse. Heute ist der Familienbetrieb Café, Feinkost- und Delikatessen-Shop in einem. Er liegt nur ein paar Straßen abseits der belebten Oxford Street und zeigt sich doch völlig unberührt von dem dortigen Trubel. Auch scheint die Zeit an dem Laden selbst vorbeigesaust zu sein: Die Formica-Tische und Diner-Stühle stammen aus den 60er-Jahren, die Wände sind bis unter die Decke vollgestellt mit bunten Marmeladengläsern, mit Chutneys und Eingekochtem aller Art. Von Minimalismus keine Spur! Man fühlt sich prompt in das Setting eines Wes-Anderson-Films versetzt. Und zweifelsohne ist es gerade die Ästhetik der vergangenen Epochen, die dem Café den besonderen Wohlfühl-Charakter gibt und für das unprätentiöse Ambiente sorgt. Außerdem schmecken die Salate, die Sandwiches und vor allem die hausgemachten Suppen einfach richtig gut. Das scheinen vor allem die zu wissen, die in der Nähe wohnen oder arbeiten: Frauenrunden treffen sich zu *tea and toast,* junge Paare kommen auf einen Kaffee vorbei, alteingesessene Geschäftsleute verbringen hier ihre Lunchtime.

- Paul Rothe & Son, 35 Marylebone Lane, London W1U 2NN.
- ÖPNV: U-Bahn Central oder Jubilee Line, Haltestelle Bond Street

CHEF
PANETTONE
MILANO
SARONNO
PANETTONE CHEF
MEAT SANDWICHES
MEAT SANDWICHES
FISH SANDWICHES
SALADS
Sesame Snaps

Cakes & books

21 The London Review Bookshop & Café in Bloomsbury

Hand aufs Herz: Wer kann einer Tasse exquisitem Tee, einem Stück selbstgebackenem Chocolate Cake und einem guten Buch ebenfalls nur sehr schwer widerstehen, vor allem, wenn diese drei Gegebenheiten an einem Ort, in einem Moment zusammentreffen? Dass Widerstand unter solchen Umständen zwecklos ist, wird klar, wenn man den London Review Bookshop unweit des British Museum betritt. Der charmante Buchladen mit der dunkelgrünen Ladenfront ist eine wahre Fundgrube für glückssinnige Bücherwürmer und ein herrlich unprätentiöser Ort, um zu stöbern und um die Zeit zu vergessen: Auf zwei Etagen reihen sich hier große und kleine Werke aneinander, liefern sich hochwertige Sachliteratur und klassische Oeuvres, Belletristik und Lyrik, aber auch Kunstdrucke, Postkarten, Zeitschriften und angesagte Stofftaschen ein Stelldichein.

Wem nach so viel musischer Inspiration der Sinn nach einer leiblichen Stärkung steht, der folgt ganz einfach dem Kaffeeduft und spaziert geradewegs in das hauseigene Café, das mit viel Liebe und Enthusiasmus von Terry Glover geführt wird. Auf ihrer mit Bedacht zusammengestellten Karte finden sich neben wunderbaren Kuchenkreationen leichte Salate, leckere Quiches und wohltuende Sandwiches. Insbesondere nach einem Besuch des belebten British Museum ist der Bookshop mit seinem charmanten Café ein idealer Rückzugsort. Dann gibt es nichts Schöneres, als sich der literarisch-kulinarischen Versuchung hinzugeben und den Glücksmoment bei einer Tasse Tee oder Kaffee voll auszukosten – an warmen und trockenen Tagen ist die versteckte Gartenterrasse im Innenhof zudem ein echter Geheimtipp.

Ins Leben gerufen wurde die unabhängige Buchhandlung 2003 von den Gründern des Rezensionsforums „The London Review", das sich in den 1980ern als unerschrockenes Fachorgan einen Namen machte und heute eine der renommiertesten Literaturzeitschriften Europas hervorbringt. Nicht zufällig finden in dem Bookshop regelmäßig literarische Debatten, Autorengespräche und Signierveranstaltungen statt.

- The London Review Bookshop, 14-16 Bury Place, London, WC1A 2JL
  www.londonreviewbookshop.co.uk
- ÖPNV: U-Bahn Central oder Piccadilly Line, Haltestelle Holborn

LUNCH
ROSEMARY FOCACCIA
STILTON ROASTED WALNUT TRUFFLE OIL, TOMATO JAM, LEAVES
TURMERIC BUN
SMOKED CHICKEN TOM YUM MAYO CUCUMBER SPRING ONION LEAVES, ROCKET
SPINACH WRAP
SMASHED FALAFEL HARISSA WHITE BEAN RAINBOW SPICY CABBAGE BEETROOT
LOADED CROISSANT
SALAD
VENUS RICE RAISINS, TOASTED SEEDS PICKLED CARROT, SPRING ONION CUMIN, ORANGE YOGHURT WITH SUMAC, CORIANDER DRIZZLE BREAD · LEAVES
VEGAN OPTION AVAILABLE
BLACK BEAN STEW
SPICY · WARMING
TOPPED WITH PICKLED CABBAGE CRISPY ONION
BREAD + OLIVE OIL £7.50
ESPRESSO
HOT CHOCOLATE
SIFT
the vegetarian kitchen

Die stille Bahnlinie

22 City Wanderung – der Parkland Walk

Vogelgezwitscher, Libellen jagen einander im Sonnenlicht, von irgendwoher ertönt der vereinzelte Schrei eines Papageis. Früher, als auf der Eisenbahnlinie zwischen den Stationen Finsbury Park und Alexandra Palace noch Dampfloks verkehrten, muss es hier um einiges lauter zugegangen sein. Doch das ist lange her. Anfang der Siebziger wurde die Trasse stillgelegt, die Schienen wurden zurückgebaut – es kehrte Ruhe ein auf der Strecke. Eine Straße war geplant, wurde jedoch auf Widerstand der „Friends of The Parkland Walk" hin nie gebaut. Stattdessen holte sich die Natur nach und nach das Gebiet rund um die alte Bahnlinie zurück, Füchse siedelten sich an, Pflanzen rankten an den Bahnsteigen und Gemäuern empor, Fledermäuse fanden Unterschlupf in alten Viadukten. 1990 wurde die rund neun Kilometer lange Verbindung schließlich in ein innerstädtisches Naturschutzgebiet umgewandelt, das heute Heimat von vielen Tier- und Pflanzenarten ist und eine der schönsten und abwechslungsreichsten Kurzwanderungen Londons bietet.

Am besten startet man im Süden, in Finsbury, und wandert die Strecke nach Norden hin ab, bis zum „Alexandra Palace". So kann man sich am Ende auf der Anhöhe des viktorianisch geprägten Unterhaltungspalasts entweder in einem der Cafés stärken oder auf den weitläufigen Wiesen vor dem Palast ausruhen und bei einem Picknick oder einem Glas Wein die Aussicht genießen. Da sich der Walk in einen nördlichen und einen südlichen Abschnitt gliedert, gibt es mehrere Möglichkeiten, den Weg abzulaufen. Die schönste Route führt an stillgelegten Bahnsteigen entlang, vorbei an Skulpturen und Streetart, sowie durch Finsbury Park, Queens Wood und Highgate Wood. Unterwegs wird man mit erstklassigen Aussichten auf die Skyline der Stadt belohnt, deren schnellen Rhythmus man jedoch allenfalls an den wenigen Verbindungsstücken zu spüren bekommt. Doch dann taucht man auch schon wieder ab in die Wildnis, entschleunigt mit jedem Schritt entlang der grünen Schneise.

- Parkland Walk, Florence Road, London N4 3EY
  www.parkland-walk.org.uk
- ÖPNV: U-Bahn Piccadilly Line, Haltestelle Manor House oder Overground Train, Haltestelle Finsbury Park

Boho-Café in der Gärtnerei

23

Petersham Nurseries in Richmond

Reihenweise grüne Sprösslinge, formale Übersichtlichkeit und bunte Gartenzwerge gibt es in dieser versteckt liegenden Gärtnerei am Ende der holperigen Schotterstraße in Richmond nicht. Dafür aber viel ungezähmtes Grün, farbenfrohe Blumenranken, Gräser und duftende Kräuter, Vintage-Romantik und einen rustikalen Gewächshaus-Charme. Außerdem unfassbar leckeren Carrot-Cake, hausgemachte Holunderblüten-Limonade und herzhaft belegte Brotscheiben. Soulfood pur, das inmitten des entzückenden Gartenambientes gleich doppelt so gut schmeckt. Hat man nämlich erst einmal an einem der gusseisernen Tische im Schatten eines Baumes oder im Schutz der verwinkelten Gewächshäuser Platz genommen, dann möchte man für die nächsten Stunden einfach nur bleiben – und beim Frühstück in der Morgensonne, beim Lunch oder beim Nachmittagstee vielleicht sogar vom eigenen Garten träumen. Anregungen für die Gestaltung eines wildromantischen, englischen *cottage garden* bekommt man in den Petersham Nurseries jedenfalls reichlich. Hier ein alter Pflanztisch mit Antik-Patina, dort Lenzrosen und Kamelien in einer verblassten Zinkwanne, Wein, der an einer Steinmauer emporrankt, Vasen, ein wackeliger, bepflanzter Holzkarren. Der gekonnt arrangierte Wildwuchs in der Gärtnerei, der improvisierte Shabby-Look und die nostalgisch geschwungenen Outdoor-Möbel machen unmissverständlich klar, wie schön perfekte Nachlässigkeit sein kann.

Als Gael und Francesco Boglione die alte Gärtnerei Ende der 90er-Jahre übernahmen, war das Gelände nur schwer zugängig und verwildert. Mit viel Enthusiasmus machten sie sich daran, die maroden Gewächshäuser zu renovieren. Ihre Liebe zur Natur und ihr positives Lebensgefühl finden heute in den verspielten Arrangements ihren Ausdruck, im authentischen Charme der alten Gewächshäuser und im kulinarischen Genuss. Petersham Nurseries ist ein Ort zum Wohlfühlen – für Boho-Fans ebenso wie für Liebhaber der saisonalen Küche, für Pflanzenfreunde, Gärtner und solche, die es werden wollen.

● Petersham Nurseries, Church Lane off Petersham Road, Richmond-upon-Thames TW19 7AB, www.petershamnurseries.com

● ÖPNV: U-Bahn District Line oder Overground Train, Haltestelle Richmond

Zeitvergessen in Greenwich

24 Picknick am Nullmeridian

Jeden in London zieht es früher oder später einmal nach Greenwich, jenes „grüne Dorf“ an der Themse, das seinem Namen alle Ehre macht. Beim ersten Mal kommen die meisten wohl vor allem, um das hier seit 1675 beheimatete Royal Observatory zu besuchen. Oder um auf dem Nullmeridian zu balancieren und mit einem Satz von der Ost- auf die Westhalbkugel und wieder zurück zu springen. Doch wer sich nach dem kleinen Fußmarsch auf den Berg hinauf umblickt, dem wird sofort klar: Dies ist ein Ort mit Glückspotenzial. Weite Wiesen im Grünen, mit Landluft, Vogelgezwitscher und schönstem Großstadtpanorama. Der Blick auf die Silhouette der Stadt vor einem ist schlicht und ergreifend grandios. Am Fuß des Hügels liegen die historischen Gebäude des „Queen's House“ und des prachtvollen „Old Royal Naval College“, dahinter der Fluss und die moderne Skyline der Docklands, des neuen Bankendistrikts von London. Vor allem aber liegt der Aussichtspunkt inmitten des ältesten königlichen Parks, des wunderschönen Greenwich Park mit seinen alten, knorrigen Eichen und Kastanien, weitläufigen Wiesen und gewundenen Wegen.

TIPP

Wer es etwas ruhiger mag, läuft ein paar Schritte weiter zum One Tree Hill und picknickt dort.

Zeit also, die gut zusammengefaltete Picknickdecke, die Limo, Schnittchen und Cup Cakes auszupacken, die Beine auszustrecken und die Seele baumeln zu lassen. Für ein paar Augenblicke einfach nur den Gedanken nachzuhängen, tagzuträumen und die Zeit zu vergessen – welch ein Luxus an einem für Zeitmessungen und Präzision so bedeutungsvollen Ort: Mit dem Nullmeridian war und ist Greenwich nämlich sowohl geografischer als auch zeitlicher Bezugspunkt für die Längengrade und Zeitzonen der Erde. Nicht ohne Grund wurde die erste Weltzeit in ihren Abweichungen zur Greenwich Mean Time (GMT) angegeben. Noch heute erinnert ein Ritual an diese Zeit: Jeden Tag um Punkt 13 Uhr fällt auf dem Flamsteed House am Observatory ein roter Ball an einer Stange herab, ursprünglich damit die Schiffer unten auf der Themse einheitlich ihre Uhren danach stellen konnten.

- Greenwich Park, London SE10 8XJ
- ÖPNV: DLR-Bahn, Haltestelle Cutty Sark oder South East Trains, Haltestelle Greenwich Station

Zu Lande oder zu Wasser

25 Am Regent's Canal ist alles im Fluss

Die beruhigende Wirkung von Wasser können großstadtgeplagte Gemüter in London kaum besser erfahren als am Regent's Canal. Die knapp 13 Kilometer lange Wasserstraße zwischen Paddington im Osten der Stadt und Limehouse im Westen hält ein ganzes Repertoire an Anreizen zur Entschleunigung bereit: sanft plätscherndes Wasser, verträumt vor sich hin schaukelnde Hausboote, bewachsene alte Kaimauern, auf denen schwere, rostige Poller thronen. Hier und da hängen zeitvergessen die Äste von Trauerweiden über das Ufer, historische Brücken kreuzen den Weg, es gibt jede Menge Bänke und Cafés. Ganz gleich, ob zu Fuß, auf dem Fahrrad, im Boot, Kajak oder beim Stand-up-Paddeln – hier ist es ein Leichtes, glücklich zu sein!

Unbeeindruckt vom hektischen Puls der Millionenmetropole bahnt sich der 1820 eröffnete Kanal seinen Weg zunächst durch Little Venice, streift später idyllische Parks, verschlafene Hafenbecken, alte Industrieanlagen und ehemalige Gasometer. Er passiert einige herrschaftliche Uferresidenzen in Primrose Hill und schlängelt sich unaufgeregt durch den lebhaften Stadtteil Camden. Ein schmaler Uferweg folgt dem Verlauf des Wassers. Früher zogen hier Pferde schwer beladene Lastkähne stromaufwärts. Heute sind auf dem ehemaligen Treidelpfad keine PS mehr unterwegs. Das macht es angenehm für die Spaziergänger, Jogger und Fahrradfahrer. 66 Brücken überqueren Kanal und Pfad auf seinem Weg in Richtung Themse. Der Höhenunterschied ist mit 25 Metern so gering, dass keine Stromschnellen das ruhig dahinfließende Wasser aufwühlen. Für beschauliche Abwechslung am und auf dem Wasser sorgen einzig die zwölf Kanalschleusen, große hölzerne Pforten, die über lange Kurbeln manuell geöffnet oder geschlossen werden. Dort, wo die Wasserstraße schließlich in die Themse mündet, lag bis in die 1960er-Jahre hinein die Haupteinfahrt in das weitverzweigte englische Kanalsystem. Güter wie Kohle, Eisen oder Porzellanwaren wurden an den Kais verladen. Heute sind die Docks urban, schick und wohnhaft.

TIPP

Mehr über Arbeit und Alltag auf Englands Kanälen erfahren Interessierte im London Canal Museum.

● Canal & River Trust, Delamere Terrace, Little Venice, London W2 6ND
www.canalrivertrust.org.uk
● ÖPNV: U-Bahn Bakerloo Line, Haltestelle Warwick Avenue

OBBIT

Dancing the night away!

26 Jive-Night im Rivoli Ballroom

Wenn es irgendwo in London ein Swing-Paradies gibt, dann liegt das vielleicht im Süden der Stadt unter dem goldenen Tonnengewölbe des „Rivoli Ballroom", eines plüschigen Ballsaals mit Originaldekor aus den 50er-Jahren. Von außen zeigt sich das ursprünglich als Lichtspielhaus errichtete Gebäude aus dem Jahr 1913 noch ganz unscheinbar in modernistischem Art-déco-Grau. Doch sobald man durch die Flügeltür tritt, beginnt eine Zeitreise. Mit jedem Schritt tiefer in das Innere hinein scheint sich die Uhr weiter rückwärts zu drehen. Bis man schließlich irgendwo in den 50er-Jahren landet. Gedämmtes Licht, roter Samt und Velours, ausladende Kronleuchter, dunkle Holzpaneele mit eingetrübten Glas- und Spiegelelementen sowie jede Menge Cocktail-Tischchen, die sicherlich einige Geschichten zu erzählen hätten. In der Mitte das Herzstück des Saals, die einladend weitläufige Tanzfläche aus hellem Ahornholz. Auf der kleinen Bühne am anderen Ende dösen zwei Standmikrophone im gedimmten Rampenlicht, ein Kontrabass räkelt sich leger auf der Seite. Noch ist alles ruhig, doch in spätestens einer Stunde wird die Tanzfläche zur live gespielten Jazz- und Swingmusik beben. Einmal im Monat ist „Jive Party". Dann wirbeln Paare über das Parkett, schwingen in alle Richtungen. Beine schlenkern im Rhythmus, Hüften drehen sich. Lindy Hop, Jive, Quickstep, Charleston. Die Schrittfolgen sind schnell, mal professionell gekonnt, mal temperamentvoll wild, immer aber voller Lebensfreude. Der Rhythmus erfasst junge Tänzerinnen und Tänzer ebenso wie die älteren Generationen. Im Takt der Musik, in der Freude an der Bewegung verschwimmen die Grenzen. Und das zumeist sehr stilecht. Viele Männer tragen weite Hosen und Hemd, manche sogar Hosenträger. Damen wirbeln in Röcken und Kleidern oder in hochgeschnittenen 50er-Jahre-Hosen durch den Raum. Vorsicht: Die Tanz-Begeisterung ist ansteckend! Es fällt schwer, hier still zu bleiben. Ganz von allein beginnen die Knie zur swingenden Musik zu wippen …

TIPP

Zu Beginn der „Jive Party" gibt es einen kurzen einführenden Tanzkurs.

● Rivoli Ballroom, 350 Brockley Rd, London SE4 2BY
www.rivoliballroom.com
● ÖPNV: Thameslink-Bahn, Haltestelle Crofton Park Train Station

Let it rain!

27 Schirmladen James Smith & Sons

An manchen Tagen kann man sich besonders glücklich schätzen, bei „James Smith & Sons" hereinzuspazieren. In London sind das vor allem jene Tage, an denen die Wolken schwer über der Stadt hängen und der Regen wie Bindfäden vom Himmel fällt. Ducks' days sagt man in England dazu, wohl weil es Enten lieben, an solch nassen Tagen durch den Regen zu watscheln. Wer sich nun an einem dieser typisch englischen Regentage in dem viktorianischen Eckladen wiederfindet, der hat wirklich Glück! Denn das alte Traditionsgeschäft ist nicht nur wunderschön anzuschauen, es ist auch spezialisiert auf Schirme – und das schon seit 1830. Damals machte sich ein gewisser James Smith als einer der Ersten überhaupt daran, maßgeschneiderte Schirme herzustellen und zu verkaufen. Die Nachfrage war groß, wer etwas auf sich hielt, kaufte bei „James Smith". 1857 zog der Laden aus Platzgründen von der Regent Street in die New Oxford Street.
Noch heute werden viele der Schirme – aber auch Gehstöcke, Stockstühle und Zeremonienstäbe – in der hauseigenen Manufaktur im Keller unter dem Laden von Hand angefertigt. Zwei bis drei Mal am Tag verkündet eine Klingel, dass wieder ein Exemplar fertig ist. Die Schirme, die dann aus der Werkstatt nach oben kommen, sind ein wunderbares Stück altenglische Tradition und echte Eyecatcher: grundsolide Stockschirme mit stabilen Griffen aus Kirschholz, aus Kastanie, Esche oder Akazienholz, in der Verarbeitung entweder sehr klassisch oder aufwendig geschnitzt und manchmal auch ganz wunderbar exzentrisch. So ist Mary Poppins' Papagei genauso dabei wie Beethoven, ein Fuchskopf, ein Krokodil, Hunde, Löwen, Katzen und natürlich jede Menge Enten. Nicht nur bei Regenwetter ist es eine wahre Freude, durch den Laden zu stöbern, der seit seiner Eröffnung beinahe unverändert besteht und mit der originalen Schaufensterfront, dem messingbeschlagenen Mahagoni-Verkaufstresen und der viktorianischen Innenausstattung heute eine regelrechte West-End-Ikone ist.

- James Smith & Sons, Hazelwood House, 53 New Oxford Street, London WC1A 1BL
- ÖPNV: U-Bahn Central oder Northern Line, Haltestelle Tottenham Court Road

Dschungel mit Aussicht

28

Botanik in luftiger Höhe im Skygarden

Die Geschwindigkeit, mit der der Aufzug die 150 Meter Höhenunterschied nimmt, sorgt für ein leichtes Kribbeln im Bauch. Nur wenige Augenblicke dauert die Fahrt in die 35. Etage des „Walkie Talkie" genannten Hochhauses. Oben angelangt, erwartet die Besucher eine Überraschung. Unter einer geschwungenen Kuppel aus Glas und Stahl erstreckt sich über drei Etagen Londons höchster *rooftop garden:* ein luftiger, heller Indoor-Garten mit Palmen, Farnen, Gräsern, und einem fantastischen 360°-Blick über die Stadt. Direkt vor einem liegt die imposante St. Paul's Cathedral, weiter im Westen sind bei gutem Wetter London Eye, Big Ben und Westminster zu sehen. Auf der anderen Seite, gen Osten, bekommt man mit den hoch aufragenden Wolkenkratzern auf der Isle of Dogs einen Eindruck von der Größe des Financial District. Während der Blick in die verschiedenen Himmelsrichtungen wandert und unterwegs bekannte Bauwerke wie den Tower, Barbican oder The Shard ausmacht, moderne Hochausarchitekturen bestaunt und Bahnverbindungen verfolgt, wird man sich unweigerlich der Größe der Stadt noch einmal bewusst. Bis zum Horizont erstrecken sich ihre gigantischen Ausläufer. Zugleich wirkt die britische Hauptstadt aus der Vogelperspektive wie eine Miniaturlandschaft. Direkt unter einem mäandert, vom Großstadttrubel ungerührt, die Themse durch die Millionenmetropole, dunkel und zeitlos, die tiefen Straßenschluchten verbinden sich in enger Zufälligkeit, rote Doppeldeckerbusse schieben sich wie Spielzeugautos über die Tower Bridge. Man hat das Gefühl, man müsste nur die Hand ausstrecken, um sie ein wenig anzuschubsen. Ob es die Höhe ist, das aufmunternde Grün oder die Aussicht – der Geist wird leichter hier oben, holt Luft, kommt zur Ruhe. Es ist der perfekte Ort für eine kleine Auszeit, für einen Kaffee oder einen Aperitif. Ein besonderes Highlight für Frühaufsteher ist das Sunrise Yoga, Nachteulen swingen zu den Tunes von Live-Bands oder angesagten Londoner House-DJs.

TIPP

Der Eintritt zu dem öffentlichen Garten ist frei, aber nur mit vorheriger Onlinereservierung möglich.

- Skygarden, 1 Sky Garden Walk, London EC3M 8AF
  www.skygarden.london
- ÖPNV: U-Bahn Circle oder District Line, Haltestelle Monument

Inspiration im Stadtpalast

29

Kulturvielfalt im Somerset House

Man sieht es dem herrschaftlichen Haus an der Themse nicht an, aber hinter der massiven Fassade im neoklassizistischen Stil brodelt es gewaltig. Hier die Simulation einer tiefblauen Unterwasserwelt, dort sphärische Klänge, die sich wie ein Teppich über den Raum legen. Mal sind es überdimensionale Hülsen, in denen Luftqualitäten erfahrbar gemacht werden, mal Wasserdampf, ein Lichtring, grelle Farben, gewagte Formen. Schwups! Schon ist die Neugierde geweckt. Fast unmerklich taucht man ein in die Kunstwelten, die das „Somerset House" anbietet, lässt sich auf eine Entdeckungsreise durch kreative Ausdrucksformen ein. Zeitgenössische Kunst, inspirierende Ausstellungen und frische interdisziplinäre Projekte präsentieren sich in den hohen Räumen der Villa aus dem 18./19. Jahrhundert ebenso nonchalant wie die ausgezeichnete Sammlung der „Courtauld Gallery" mit Werken von der Renaissance bis hin zu den Spätimpressionisten. Fotografie-Ausstellungen und Design-Festivals sind feste Programmpunkte im Veranstaltungskalender. Im Sommer finden in dem weitläufigen Innenhof Open-Air-Konzerte und Kinovorführungen statt, und in der Vorweihnachtszeit verwandelt sich die Piazza in eine Eislaufbahn mit jeder Menge Winterzauber-Charme. Die Kulisse ist filmreif und könnte nicht schöner sein – und sei es, um einfach nur bei einem Kaffee die Seele baumeln zu lassen.

TIPP
Das Haus veranstaltet kostenfreie Touren zu seiner Geschichte und Architektur.

Gerade die Vielseitigkeit macht das „Somerset House" zu einem ganz besonderen Glücksort, einem Ort, an dem man zugleich aktiv werden und zur Ruhe kommen kann. Dabei versteht es das Haus, über Generationengrenzen hinweg zu begeistern. Kinder lieben es, sich an heißen Sommertagen unter den Wasserfontänen im Innenhof abzukühlen (Badesachen einpacken!), es gibt Workshops für Jugendliche, Vorträge und Diskussionen vertiefen kulturelle Themen. Das Haus ist quietschfidel und anregend und bleibt dabei dennoch erstaunlich leise – vielleicht wird es deshalb im Reigen der Kunststätten in London gerne einmal übersehen.

- Somerset House, Strand, London WC2R 1LA
www.somersethouse.org.uk
- ÖPNV: U-Bahn Circle oder District Line, Haltestelle Temple

Fußballglück am Themseufer

30 Im Craven Cottage

Ein schriller Pfiff, ein Handzeichen des Schiedsrichters – es ist Halbzeit im „Craven Cottage", dem Stadion des englischen Ligavereins Fulham FC. Augenblicklich löst sich auf dem Platz und auf den Tribünen die Anspannung. Während die Spieler mit zügigen Schritten vom Platz eilen, klappen auf den Rängen der Haupttribüne geräuschvoll die 100 Jahre alten Holzstühle nach oben. Eng ist es hier auf dem Johnny-Haynes-Stand und irgendwie muffig. Und doch steht spätestens nach dem dritten Pass fest, dass man auf diesen altehrwürdigen Rängen mehr geboten bekommt als 90 Minuten Jagd auf Tore. Ja, es hat etwas mit Fußball-Leidenschaft zu tun, mit Liebe und mit dem Gefühl, eine Zeitreise in die Ära des alten englischen Fußballs zu unternehmen.
Der erste Anpfiff auf dem Platz war 1896. Da glich der Rasen am Ufer der Themse noch einem rauen Bolzplatz. Doch die Geschichte des „Craven Cottage" reicht noch weiter zurück. Seine Anfänge hat es in der Zeit, als in den Wäldern vor London noch richtig Wild gejagt wurde. Damals gehörte das Land dem Baron William Craven, der hier im Jahr 1780 einen Unterschlupf für seine noblen Jagdgesellschaften errichten ließ. Ursprünglich stand das Häuschen genau dort, wo sich heute der Mittelkreis befindet. 1888 brannte es jedoch vollständig nieder. Erst als auf dem Platz schon einige Heimsiege errungen waren, sollte der schottische Stadionarchitekt Archibald Leitch 1905 eine neue Hütte bauen – dem Namen blieb er treu. Und so steht das neue „Craven Cottage" noch heute am Rande des Spielfelds, ganz beschaulich, wie aus der Zeit gefallen. Es wird als Klubhaus genutzt, beherbergt die Kabinen und bietet von seinem hölzernen Balkon aus den wohl schönsten Blick auf den Platz. In der Fußballwelt ist die Heimstätte von Fulham ein Unikat, die historische Tribüne längst denkmalgeschützt. Mit den modernen Hochglanzarenen ist das Cottage zwar kaum zu vergleichen. Dafür bekommt man bezahlbare Tickets und kann in der Halbzeitpause über die Themse blicken.

● Craven Cottage, Stevenage Rd, London SW6 6HH
www.fulhamfc.com/visit/craven-cottage
● ÖPNV: U-Bahn District Line, Haltestelle Putney Bridge

26

Art is all around

31 Streetart in Shoreditch

Was haben die Queen, eine Ratte und ein Strichmännchen gemein? Im wirklichen Leben wahrscheinlich kaum etwas. Als gesprühte, gemalte oder geklebte Motive auf den Straßen Londons verbindet sie allerdings sehr viel: Sie sind Teil jener sehr aktuellen und lebendigen Kunstform, die ihren Ausdruck im öffentlichen Raum findet, die bunt, spielerisch und humorvoll daherkommt, die beeindrucken, ja provozieren will und den Dialog sucht.

Streetart ist überall in Londons Straßen anzutreffen, die Formsprache und Materialien sind vielfältig: Graffiti, Stencils, bemalte Kacheln und Skulpturen, Paste-ups, Poster oder Straßeninstallationen. Die Werke finden sich an Hausmauern, Bauzäunen und Straßenlaternen, in Toreinfahrten, auf Dächern und Sockeln, unter Brücken und in Tunneln, mal großflächig plakativ, mal ganz zart, fein und versteckt. Ein Streifzug auf den kreativen, ungeordneten Spuren der Stadt gleicht einer urbanen Schatzsuche und weckt Glücksgefühle. Besonders geeignet für eine Entdeckungstour ist der Stadtteil Shoreditch mit seiner angesagten Club- und Kunstszene. Verschiedene nationale und internationale Künstler haben hier in den vergangenen Jahren ihre Spuren hinterlassen. Da sind die filigranen, im Wind flatternden Schmetterlingsflügel aus Papier in der Brick Lane (Künstler/-in unbekannt), Stiks schlaksige Strichmännchen in der Old Street, die grellen Profile mit den runden Lippen von Thierry Noir an „Franco's Sandwich Bar" oder Banksys Pudel im Hinterhof des „Cargo Club".

Ob die Werke aber auch morgen noch am versprochenen Ort zu sehen sind, ist ungewiss, denn Streetart lebt vom Augenblick. Ihre Spielarten sind expressiv und gleichzeitig vergänglich. Was heute noch in leuchtenden Farben von einer Hauswand strahlt, kann morgen schon verwittert, übermalt oder abgerissen worden sein. Außerdem ist diese Kunst vom permanenten Prozess der Überlagerung, Kommentierung und Erweiterung geprägt. Erst die ständige Veränderung macht sie zu etwas Lebendigem und sehr Kostbarem.

● Shoreditch, London EC2A 3DT
● ÖPNV: U-Bahn Northern Line, Haltestelle Old Street

JEET BALTI
ITAL JUICES
BKFOXX
YONEX

Game, Set, Match

32 Tennisglück im Hyde Park

Alte knorrige Eichen, geschwungene Wege, der „Speakers' Corner". Auf dem Serpentine Lake kann man Tretboot fahren, im Sommer finden Rock- und Popkonzerte statt. Der Hyde Park im Herzen Londons ist für vieles bekannt. Dass man innerhalb der öffentlichen Parkanlage aber auch ziemlich gut Tennis spielen kann, wissen hingegen nur wenige. Und dass die Plätze jedem offen stehen, lässt Tennisherzen höher schlagen.

Die Anlage, die der Tennisclub „Will to Win" gemeinsam mit den Royal Parks betreibt, liegt im Süden der weitläufigen Grünfläche. Sie ist umgeben von hohen Ahornbäumen, von Linden, Kiefern und Kastanien und verfügt über sechs gut gepflegte Tennisplätze, Umkleidekabinen und ein kleines, gemütliches Café mit einer schönen Außenterrasse. Spielen kann auf den Plätzen jeder, ganz gleich ob jung oder alt, noch ganz am Anfang oder schon fortgeschritten. Wer sein Spiel verbessern oder an seiner Technik feilen möchte, kann außerdem Trainingsstunden buchen. Während der dunklen Jahreszeit wird die Flutlichtanlage angeworfen, sodass das sanfte „Tick-Tock" des Schlagens der gelben Filzbälle noch lange nach Sonnenuntergang zu hören ist.

Der weiße Sport spielte im Hyde Park seit der Geburtsstunde des modernen englischen Rasentennis eine wichtige Rolle. Bereits in den 80er-Jahren des 19. Jahrhunderts wurden hier Bälle über das Netz geschlagen. Der prestigeträchtige Platz verfügte sogar über eine Tennishalle, um den hoch geschätzten Clubmitgliedern das Spielen auch im Winter zu ermöglichen. Die Halle steht heute zwar nicht mehr, dafür hat der Club sein elitäres Etikett abgelegt, und der Gedanke „Tennis für alle" steht im Vordergrund. Über ein sogenanntes Pay and play-System kann man den Platz bis zu drei Tage vor der gewünschten Session ganz unkompliziert online buchen, und gegen eine kleine Extragebühr kann man sich auch noch Schläger ausleihen. Wer Tischtennis, Golf oder Rasenbowling bevorzugt, wird hier ebenfalls glücklich.

- Will to Win Hyde Park Sport Centre, South Carriage Drive, London W2 2UH
www.willtowin.co.uk
- ÖPNV: U-Bahn Circle, District oder Piccadilly Line, Haltestelle South Kensington

Intermezzo mit Ausblick

33 Im Dach-Café des königlichen Opernhauses

Abends schicke Bar für Opernbesucher, tagsüber helles Wohlfühl-Café mit phantastischer Aussicht, und obendrein schmeckt der Kaffee genauso ausgezeichnet wie der *afternoon tea*: Die „Piazza Terrace Bar“ liegt in der obersten Etage des renommierten Royal Opera House und empfängt ihre Gäste, anders als vielleicht erwartet, völlig untheatralisch, dafür mit einer liebevollen Prise Natürlichkeit. Gemütliche Sessel und Stühle im Rattanstil, farbenfrohe Kissen, ein Meer an Grünpflanzen und ein wirklich warmherziger Service regen dazu an, hier doch länger zu verweilen. Das laubenartige Ambiente mit Rundumverglasung schützt vor Wind und Wetter und verleiht dem Ort auch an kalten, regnerischen Tagen einen Hauch von Sommer. Besonders spannend ist der Ausblick auf die Markthallen von „Covent Garden“ und das bunte Treiben auf den Plätzen und Straßen. Wie gut, dass man gar nicht unbedingt im Besitz einer Theater- oder Konzertkarte sein muss, um sich hier am Nachmittag bei einer Tasse Tee oder Kaffee zurücklehnen oder um am Abend bei einem Drink den Tag ausklingen zu lassen – auch wenn gegen eine Opernkarte natürlich absolut nichts einzuwenden ist, immerhin gilt das Royal Opera House als die „Königin“ unter den Opernhäusern, und es ist zugleich die Heimat des Royal Ballet, der Royal Opera und des ROH Orchestra.

Der schönste Weg zum Café führt durch den historischen Eingang an der Bow Street. Zunächst geht es die Treppen hinauf zur beeindruckenden „Paul Hamlyn Hall“, einer gewölbten Glas-Stahl-Konstruktion im viktorianischen Baustil. Von hier aus führen Rolltreppen weiter nach oben, doch sollte man für das Durchqueren des ursprünglich als Markthalle genutzten Glaspavillons unbedingt etwas Zeit zum Staunen und Genießen einplanen. Und weil die Tatsache, dass es ins Opernhaus geht, bei manchen ein leichtes Herzflattern hervorruft, hier der sympathische Hinweis des Hauses zum Thema Kleiderordnung: „Es gibt keinen Dresscode – kleiden Sie sich, wie Sie möchten, vornehm oder leger.“

● Piazza Terrace Bar, Royal Opera House, Bow Street, London WC2E 9DD, www.roh.org.uk/eat-and-drink

● ÖPNV: U-Bahn Piccadilly Line, Haltestelle Covent Garden

Kokon der Stille

34 Die National Art Library im V&A Museum

London hat viele verborgene Refugien, doch an kaum einem kann man dem Trubel der Millionenmetropole auf so feinsinnige Weise entkommen wie im Lesesaal einer Bibliothek. Während draußen Verkehrslärm, Stimmengewirr und hektisches Treiben toben, geht es zwischen den Werken der Dichter und Denker, zwischen Lexika, Bildbänden und Zeitschriften so still und bedacht zu, wie es das eben nur in Bibliotheken tut. Über 400 *libraries* soll es in der britischen Hauptstadt geben. Die meisten sind städtisch, einige sind an Universitäten oder Colleges angeschlossen, manche nur beschränkt zugänglich.

Eine besonders inspirierende Bibliothek, die jedem (nach Anmeldung) zur Nutzung offensteht, verbirgt sich im ersten Stock des Victoria & Albert Museums. Schon der Gang dorthin hat etwas Kontemplatives. Ausgestattet mit Bleistift und Block geht es einmal quer durch das weitläufige viktorianische Gebäude aus dem 19. Jahrhundert, durch hohe, von Säulen getragene Ausstellungssäle, vorbei an alten chinesischen Vasen, feinem Tuch und sakralem Silber. Wenn man schließlich durch die große Tür der *library* tritt, hat sich die schöngeistige Museumsatmosphäre meist bereits auf die eigene Verfassung übertragen, man ist bereit, sich an einen der dunklen Lesetische zu setzen und sich der wunderbaren Stimmung aus Ruhe, Konzentration und Besonnenheit anzuschließen. Die drei Lesesäle der Bibliothek füllen unzählige in Leder eingefasste Bücher. Die Regale reichen bis unter die wunderschöne, stuckverzierte Glaskassettendecke, durch die das Tageslicht hereinblinzelt – wie auch durch die großen Bogenfenster, die in den Innenhof des Museums blicken. Eine elegante Galerie, zu der eine gusseiserne Wendeltreppe emporführt, setzt jedem der Säle zusätzlich ein Krönchen auf. „Ich habe mir das Paradies immer als eine Art Bibliothek vorgestellt", schrieb einst der argentinische Schriftsteller Jorge Luis Borges. Hier kann man ein kleines bisschen ahnen, was er meinte.

TIPP
Das stilvolle Museumscafé eignet sich wunderbar für eine tea time.

- National Art Library, Cromwell Road, London SW7 2RL, www.vam.ac.uk/info/national-art-library
- ÖPNV: U-Bahn District, Circle oder Piccadilly Line, Haltestelle South Kensington

VICTORIA AND ALBERT MUSEUM
surreal things
V&A
KYLIE

Comebackder Vergangenheit

35 Melancholischer Glanz in Wilton's Music Hall

Noch döst das Klavier unter der Leuchtreklame. Das Nachmittagslicht fällt träge durch die großen Fenster, lässt einzelne Staubkörnchen in der Luft tanzen. Die Holzdielen knarzen, als wollten sie ihr hohes Alter in die Welt hinausposaunen. Auf dem geschwungenen Tresen ein Tablett mit frisch polierten Gläsern, daneben ein Programmheft. Es kündigt eine irisch-französische Chanson-Sängerin für den Abend an. Ihre Lieder werden hinten, im malerischen viktorianischen Saal erklingen, dort, wo schon Kate Bush, Annie Lennox und Frankie Goes to Hollywood Musikvideos drehten, wo die Muppets tanzten und Sherlock Holmes ermittelte.

„Wilton's Music Hall" ist die älteste noch bespielte Music Hall der Welt und wahrlich ein verstecktes Juwel in einer Stadt, die immer höher wächst und immer moderner glänzt. Seinen Ursprung hatte der charmante Aufführungsort mit der gusseisernen Balustrade und den verzierten Säulen im 19. Jahrhundert, als ein gewisser Mr. Wilton die große Kneipenhalle der Bierschenke in der Graces Alley nach dem Vorbild einiger seinerzeit sehr erfolgreicher Londoner Theater in eine Music Hall umbauen ließ und eine Mahagoni-Bar ergänzte. Der Wirtschaftsboom und der neu eingeführte freie Samstagnachmittag für die Fabrik- und Dockarbeiter bescherten der „Mahoganny Bar" schnell einen solchen Erfolg, dass sich einige Londoner Würdenträger sogar darüber beschwerten, dass das „Wilton's" auf der anderen Seite des Atlantiks bekannter war als St. Paul's Cathedral. Doch das Glück war nicht von Dauer. 1880 zog eine Mission in das Gebäude, um sich vor allem um die Kinder der zunehmend von Armut und Kriminalität gebeutelten Gegend zu kümmern. Erst als der marode Saal 1971 unter Denkmalschutz gestellt und mit viel Engagement vor dem endgültigen Verfall gerettet wurde, kehrte die Musik zurück. Heute ist das „Wilton's" ein wunderbarer Ort, um Kunst und Kultur abseits der pompösen West-End-Showbühnen zu genießen oder um einfach nur in entspannter Atmosphäre etwas trinken zu gehen.

- Wilton's Music Hall, 1 Graces Alley, London E1 8JB
  www.wiltons.org.uk
- ÖPNV: U-Bahn District oder Circle Line, Haltestelle Tower Hill

RED WINE

Blasmusik & Bärenfellmützen

36 Die Wachablösung am St. James's Palace

Roter Backstein, Bogenschützentürme, verspielte Schornsteine. Dazu fröhlich scheppernde Trompetenklänge und Paukenschläge, hoch aufgetürmte Bärenfellmützen, rote Roben und viel Tamtam. Auf dem Friary Court vor dem St. James's Palace macht sich die diensthabende Wache ab etwa 10 Uhr bereit, um den Feierabend anzutreten. Der beginnt für sie gleich um die Ecke, am Buckingham Palace, wo es wesentlich trubeliger zugeht als hier vor der einstigen königlichen Residenz der Tudors. An diesem Nebenschauplatz lässt sich der Beginn der bekannten Wachablösung inklusive Aufstellung, Inspektion und Musik hingegen ziemlich entspannt mitverfolgen. Auch bekommt man die routinierten Abläufe der stoisch anmutenden Guards von ganz nah zu sehen. Die königliche Leibwache gibt es seit der Regierungszeit von Heinrich VII., der sie vor mehr als 520 Jahren zu einer dauerhaften Institution machte. Nicht zufällig wirken die Kulisse und das vor ihr sich abspielende Zeremoniell heute wie einer längst vergangenen Zeit angehörend. Einzig die musikalische Zusammenstellung mit einem überraschend munteren Mix aus klassischer Blaskapellenmusik und Top-Hits aus den aktuellen Charts erinnert an das Hier und Jetzt.
Sobald sich die Division in Bewegung setzt, kann man ihr entweder auf dem Weg zum Buckingham Palace folgen, oder man verlässt die Marlborough Road in die entgegengesetzte Richtung, um sich im nahegelegenen Gourmetkaufhaus Fortnum & Mason ein kleines bisschen Luxus (z.B. in Form einer Tea Time) zu gönnen. Der Schlenker kommt nicht von ungefähr, steht das Kaufhaus doch historisch in enger Verbindung zum St. James's Palace: Das gemeinsame Band geht auf das Jahr 1707 zurück, als William Fortnum, seinerzeit Diener am Hofe von Königin Anne, nicht vollständig abgebrannte Kerzenstummel aus dem Palast sammelte, um sie im Krämerladen seines Freundes Hugh Mason weiterzuverkaufen. Ein Erfolgskonzept, das im Laufe der Zeit und auf königlichen Wunsch um exquisite Teesorten, feine Delikatessen und schicke Picknick-Körbe ergänzt wurde.

- St. James's Palace, Friary Court, Marlborough Road, London SW1A 1BG
www.householddivision.org.uk
- Fortnum & Mason, 181 Piccadilly, St. James's, London W1A 1ER
www.fortnumandmason.com
- ÖPNV: U-Bahn Jubilee, Piccadilly oder Victoria Line, Haltestelle Green Park

Quintessentially British

37 Afternoon tea im schicken Boutique-Hotel

Ein Kännchen mit frisch aufgebrühten Teeblättern. Mini-Sandwiches mit Gurke, Frischkäse und Ei. Ein bisschen Lachs. Außerdem Kuchen, Gebäck und Sahne. Beim *afternoon tea* ist von allem etwas dabei. Delikat, nachmittagssüß und *very british*. Eine äußerst feine Art, um sich eine Auszeit zu gönnen und die lange Zeit bis zum Dinner ohne Grummeln im Bauch zu überstehen.
So musste es wohl auch Anna Maria Russell, die Duchess of Bedford, gesehen haben. Angeblich führte sie im frühen 19. Jahrhundert den leichten Snack am Nachmittag ein und machte ihn zu einem unterhaltsamen gesellschaftlichen Event, der schon bald in den gehobenen Kreisen immensen Zuspruch fand. Noch heute erfreut sich der Nachmittagstee großer Beliebtheit. Da kommt es natürlich äußerst gelegen, dass London mit ausgefallenen Teesalons gesegnet ist. Ob über den Dächern der Stadt, in den Orangerien der prunkvollen Grandhotels oder in den Tea Rooms edler Kaufhäuser. Die Auswahl ist groß. Allerdings legen die Preise für den nachmittäglichen Gaumenschmaus nicht selten die gleichen Kapriolen an den Tag wie die stylischen Häppchen auf den Etageren. So gesehen, ist das bunte „Ham Yard Hotel" in Soho mit seinem inspirierenden Flair, der kreativen Auswahl an Amuse Gueules und den doch recht fairen Preisen ein angenehm authentischer Ort für diese wunderbare englische Tradition. Eingenommen wird der Tee im luftig hellen Wintergarten im hinteren Teil des unkonventionellen Hotels, das unverkennbar die Handschrift der Besitzer trägt, der Designerin Kit Kemp und ihres Mannes Tim. Alles ist hier gemütlich und einzigartig. Der warme Holz- und Steinfußboden spielt mit den kräftigen Farben der Kissen und Designobjekte. Gemütliche Sessel, ausgefallene Kunstwerke und indirektes Licht kreieren eine zauberhafte Atmosphäre, weit weg vom Großstadtalltag. Der Tee und die Häppchen werden auf einem modernen, skandinavisch angehauchten Service serviert. Wer möchte, kann seinen Earl Grey stilecht mit einem spritzigen Cocktail „pimpen".

- Ham Yard Hotel, 1 Ham Yard, London W1D 7DT
www.hamyardhotel.com
- ÖPNV: U-Bahn Bakerloo oder Piccadilly Line, Haltestelle Piccadilly Circus

Die zitternde Dame

38

Auf Londons romantischer Albert Bridge

In London gibt es viele Möglichkeiten, um von der einen auf die andere Seite der Themse zu gelangen. Man kann mit der Fähre übersetzen, den Flusslauf im Fußgängertunnel unter- oder per Seilbahn überqueren. Oder man kann eine der zahlreichen Brücken nehmen. Während die Tower Bridge die wohl bekannteste Brücke der englischen Metropole ist, wird die Albert Bridge, neun Kilometer flussaufwärts, unter Londonern oftmals als die schönste Verbindung zwischen Nordufer und Südufer gehandelt. Nicht ohne Grund, denn der 1873 eröffneten dreigliedrigen Hänge- bzw. Schrägseilbrücke haftete vom ersten Tag an etwas Märchenhaftes an. Nicht nur, dass Königin Victoria in der Namensgebung einmal mehr ihre Liebe für und ihre Trauer um den früh verstorbenen Ehemann zum Ausdruck brachte. In der grazilen Architektur spiegelt sich auch die anfängliche Leichtigkeit und Romantik des viktorianischen Baustils wider, der moderne Eleganz mit verspieltem Idealismus vereint.

Zu beiden Seiten spannen sich je 18 Tragseile von der Brüstung über die gesamte Länge der Brücke. Vier hohe, beinahe filigran wirkende Pylonen halten die Stahlstreben zusammen, sodass ein fächerartiger Eindruck entsteht. Am Brückenkopf stehen noch die kleinen Häuschen, an denen früher einmal ein Wegzoll für das Überqueren entrichtet werden musste. Nahtlos fügen sie sich in die Architektur ein. Tagsüber fasziniert die Brücke durch ihren zarten pastellfarbenen Anstrich, den sie 1992 erhielt. Nach Einsetzen der Dämmerung und bei Dunkelheit berührt einen das Bauwerk durch seine zauberhafte Beleuchtung. Brückenromantiker finden auf einer der Parkbänke am Fuße des Südufers ihr Glück. Von hier aus kann man die Architektur am schönsten auf sich wirken lassen.

Ihren Spitznamen „The Trembling Lady“ trägt die Brücke übrigens, weil sie einst dazu neigte, allzu leicht ins Schwanken zu geraten. Das alte Schild, das marschierende Truppen bittet, den Gleichschritt beim Überqueren aufzugeben, erinnert daran.

- Albert Bridge, Albert Bridge Road, Battersea/Chelsea, London SW11/SW 3
- ÖPNV: U-Bahn Circle oder District Line, Haltestelle Sloane Square oder Bus 22, Haltestelle Chelsea Old Town Hall

Urbanes Gondelvergnügen

39 Mit der Seilbahn von Greenwich zu den Docklands

Als London im Sommer 2012 ein neues öffentliches Nahverkehrsmittel erhielt, noch dazu ein ganz luftiges, war die Euphorie groß. Pünktlich zum Start der Olympischen Spiele nahm die erste innerstädtische Seilbahn Großbritanniens den Betrieb auf, um den Norden Greenwichs auf der einen Seite der Themse mit den Royal Victoria Docklands auf der anderen zu verbinden. Leise, mühelos und schwebend. Sie wurde als stausicheres und umweltfreundliches Verkehrsmittel gefeiert, versprach eine gute Alternative, um schnell und zuverlässig den Fluss zu überqueren. Manche wollten in ihr gar einen Lösungsansatz zur Bewältigung des Verkehrsinfarkts in der Millionenmetropole sehen. Heute ist die anfängliche Begeisterung für den Gondelverkehr ein wenig abgeflaut, denn das Infrastrukturprojekt, dessen Bau Millionen verschlang, gilt vielen als überflüssig, vor allem wird es von den täglichen Pendlern, den Touristen und Besuchern der Stadt nur am Rande wahrgenommen. Zu Unrecht, wie sich herausstellt! Die Verbindung ist nämlich nicht nur sehr praktisch und günstig, sie bietet Abenteuerlustigen auch einen veritablen Höhenrausch. Sicher, wer unter Höhenangst leidet, der wird diesem Verkehrsmittel kaum etwas abgewinnen können. Die Fahrt in einer der 34 Gondeln geht zwar ganz leise surrend, beinahe wie im Fluge vonstatten, doch immerhin arbeitet sich die Seilbahn bis in rund 80 Meter Höhe empor. Hui! Das ist nichts für allzu Erdverbundene.

Für alle, die gerne mal in die Luft gehen, hält das Gondelvergnügen sagenhafte Aussichten auf den Osten der Hauptstadt bereit, auf die Hochhäuser von Canary Warf, die Thames Barrier mit ihren gigantischen Flutschutztoren, die O2-Arena und natürlich auf den Fluss mit seinem täglichen Bootsverkehr. Für die knapp 1100 Meter benötigen die Gondeln etwa 10 Minuten, genügend Zeit also, um den Blick schweifen zu lassen, den Perspektivwechsel zu genießen und den eigenen Gedanken nachzuhängen.

● IFS Cloud Greenwich Peninsula, Edmund Halley Way, Greenwich Peninsula, London SE10 0FR oder IFS Cloud Royal Docks, 27 Western Gateway, Royal Docks, London E16 1FA, www.tfl.gov.uk

● ÖPNV: U-Bahn Jubilee Line, Haltestelle North Greenwich oder DLR, Haltestelle Royal Victoria

8

Fish & Chips & Mushy Peas

40

Englisches Traditionsgericht im West End

Wenn früher über manche Themen allzu heiß diskutiert wurde, hieß es gerne beschwichtigend: *Today's news is tomorrow's Fish & Chips paper.* Heute wird das britische Traditionsgericht zwar nicht mehr in Zeitungspapier serviert, aber es ist unbestritten, dass sich über einem Fisch im knusprigen Teigmantel und ein paar Pommes Frites alle Wogen glätten lassen. In London gibt es unzählige *Fish & Chip shops*, und viele sind auch richtig gut! Wer in der Innenstadt Appetit auf das typisch englische Gericht bekommt oder auf dem Sprung in eines der Theater im West End Hunger hat, ist im „Rock and Sole Plaice" bestens aufgehoben.

Seit 1871 gehen hier Scholle, Dorsch, Seezunge & Co. gemeinsam mit grob geschnittenen Pommes Frites über den Tresen. Anfangs stärkten sich die Arbeiter aus den Markthallen von Covent Garden in dem kleinen, grün weiß gekachelten Laden auf der Endell Street. Heute zählt der *Fish & Chip shop* zu den ältesten der Stadt und ist längst eine Institution in der Gegend – nicht nur für Touristen. Es gibt die großen Portionen zum Mitnehmen oder zum Verzehr im Bistro vor Ort, bei Sonnenschein auch an einem der Tische draußen. Serviert werden sie ohne viel Schnickschnack. Heiß und authentisch. Wie vor 100 Jahren. Den schlechten Ruf hat die einfache Mahlzeit aber längst abgelegt. Der Fisch ist von guter Qualität und präsentiert sich in einer knusprigen, nicht allzu dicken Bierpanade, die Pommes Frites sind goldgelb. Verfeinert wird das Ganze landestypisch mit Remoulade, einer Prise Salz und einem ordentlichen Schuss Malzessig. Kenner und gesundheitsbewusste „Foodies" wählen noch *mushy peas* als Beilage, ein Mus aus Erbsen und Butter.

Als die Gebrüder Ahmet and Ali Ziyaeddin das gut laufende Geschäft 1980 übernahmen, lag ihnen viel daran, die Tradition fortzusetzen. So gingen sie zunächst durch die harte Schule zweier älterer Damen, die schon in den 1920er-Jahren hier arbeiteten und in die Geheimnisse der hauseigenen Fischzubereitung eingeweiht waren. Es hat sich gelohnt!

- Rock and Sole Plaice, 47 Endell St, London WC2H 9AJ
  www.rockandsoleplaice.com
- ÖPNV: U-Bahn Central/Northern Line, Haltestelle Tottenham Court Road oder U-Bahn Piccadilly Line, Haltestelle Covent Garden

Rachel
47
Endell Street

Großstadttrubel? Später!

41 Cream tea im ehemaligen Bischofspalast

Anders als der *afternoon tea* kennt der „kleine Bruder“ der nachmittäglichen Teestunde, der *cream tea,* keine Starallüren, ist unprätentiös und muss sich nicht mit Etageren, Fingersandwiches & Co. brüsten. Ihm reicht ein gemütliches Plätzchen, ein schnuckeliges Café oder ein Cottage, um seinen vollen britischen Charme zu entfalten. Und das mit nur fünf Zutaten: Im Zentrum steht natürlich der Tee, der, in losen Blättern aufgebrüht, nach einer exakten Ziehzeit in die Tassen verteilt wird. Die Milchmenge, die im Anschluss in den Tee gegeben wird, entscheidet über die Stärke des Aufgusses, und die liegt im Ermessen jedes Einzelnen. Jetzt kommt der Scone ins Spiel, ein rundes, butteriges, fluffig-süßes Brötchengebäck. Begleitet wird das kleine, meist ofenwarm servierte Prachtstück von fruchtig-frischer Erdbeermarmelade und Clotted Cream, einem dicken Rahm aus roher Kuhmilch. Beides wird üppig aufgetragen – die Reihenfolge mag umstritten sein, erfahrungsgemäß beeinträchtigt es den himmlisch guten Geschmack nicht, ob die Marmelade auf die Cream kommt oder umgekehrt.

Ein ganz und gar bezaubernder Ort für einen *cream tea* abseits des Großstadttrubels befindet sich im Fulham Palace, dem Anwesen, in dem mehr als 1300 Jahre die Bischöfe von London residierten. Das kleine Café im Südflügel des herrschaftlichen Hauses blickt auf den weitläufigen Park. Im Sommer kann man seinen Tee entspannt unterm Sonnenschirm auf der Gartenterrasse trinken, an den Scones knabbern und in den Tag träumen. Ja, es fällt schwer, sich irgendwann wieder aufzurappeln. Doch sollte man unbedingt noch eine Runde durch den Palast mit seinem Tudor-Innenhof und der geheimnisvollen Bibliothek drehen. Vor allem empfiehlt sich ein Spaziergang durch den friedlichen *walled garden,* der bereits 1650 angelegt und erst kürzlich nach historischem Vorbild restauriert wurde. Eine Oase unter Glas mit herrlich duftenden Kräutern sind die hübschen Gewächshäuser, die sich im Süden an die alten Mauern lehnen.

● Fulham Palace, Bishop's Avenue, London SW6 6EA
www.fulhampalace.org
● ÖPNV: U-Bahn District Line, Haltestelle Putney Bridge

Neon-Wunderland

42 Fluoreszierende Welt in God's own Junkyard

Sex, drugs & sausage roll, God save the Queen, Applause. Bunt, knallig und schrill verkünden die leuchtenden und blinkenden Schriftzüge ihre Botschaften von den Wänden, aufreizend und bizarr-vergnüglich. Sie sind unverkennbar die Stars und Sternchen in „God's Own Junkyard" in Walthamstow im Nordosten Londons. Bis auf den letzten Platz ist die alte Fabrikhalle am Ende der Summit Road mit LED-Schriftzügen gefüllt, mit geschwungenen Neon-Reklamen, Glühbirnen und Leuchtkästen. Manche dieser Neonschilder haben ihren ganz großen Auftritt schon hinter sich. Sie brillierten in Hollywood-Streifen an der Seite von Tom Cruise, Johnny Depp oder Jack Nicholson. Auf manche wartet die goldene Stunde womöglich noch, denn alles, was hier hängt, leuchtet und blinkt, steht zum Verkauf oder kann ausgeliehen werden. Ein schrullig-schräges Paradies für alle Neon- und LED-Freaks, für Filmemacher und Fotografen. In den Siebzigern begann Chris Bracey damit, Leuchtschriften zu sammeln und zu kreieren. Damals galt er als der „Neon-Mann von Soho". Beinahe jeder Nachtclub, jede Bar und jedes Kino des In-Viertels hatte einen Bracey über dem Eingang leuchten. Seine Neon-Objekte waren gefragt, sie verliehen den Straßen ihren urbanen Charme, wiesen Nachteulen den Weg.

TIPP

Nebenan die „GinDistillery" und die unabhängigen Bier-, Ale- und Cider-Brauereien nicht verpassen!

Sicher, „God's Own Junkyard" liegt nicht gerade im Zentrum Londons. Doch wer es hier heraus schafft, kann Stunden damit zubringen, Schilder zu bestaunen, in Gedanken einen Ort zu finden, an dem die eine oder andere Leuchtschrift am besten zur Geltung käme, oder über ihre unerzählten Geschichten nachzusinnen. Zum Glück gibt es ein kleines Café, in dem man sich stärken kann, wenn man vor lauter Stöbern und Staunen die Zeit vergessen hat. „The Rolling Scone" bietet nicht nur feinen Tee und selbst gebackenen Kuchen, sondern inmitten der Light-Art-Stücke auch ein ziemlich surreales Ambiente. Der Name des Cafés verbindet Chris' Begeisterung für die Rolling Stones mit der Vorliebe seiner Frau Linda für Scones.

● God's Own Junkyard, Unit 12 Ravenswood Industrial Estate, Shernhall Street, London E17 9HQ, www.godsownjunkyard.co.uk
● ÖPNV: U-Bahn Victoria Line, Haltestelle Walthamstow Central

APPLAUSE
AMERICAN
Electric Lites
ROUTE 66
CASH DESK

Entschleunigung im Grünen

43 Mußestunden im Holland Park und Kyoto Garden

Einen zauberhaften Garten in einem sowieso schon reizvollen Park vorzufinden, ist ungefähr so, wie beim Strandspaziergang eine schöne Muschel aufzulesen, in deren Innerem sich zusätzlich noch eine kleine schimmernde Perle verbirgt. So oder so ähnlich geht es einem, wenn man durch den Holland Park in Kensington spaziert und das erste Mal auf den „Kyoto Garden" stößt. Dabei ist der nach dem Earl of Holland benannte Park für sich genommen schon eine innerstädtische Oase. Bei Weitem nicht so groß und namhaft wie seine bekannten grünen Nachbarn, der Hyde Park oder der Regent's Park, aber dennoch weitläufig genug, um für ein paar Augenblicke die Hektik und den Lärm der Millionenmetropole vergessen zu lassen. Vor allem aber weiß der Park durch seine Vielfalt die Herzen und Gemüter der Londoner zu erfreuen: Das waldige Terrain im Norden verführt zum Stromern unterm dichten Blätterdach der Laub- und Nadelbäume, die Wiesen im mittleren und südlichen Teil laden zum Picknicken ein, und die liebevoll angelegten Terrassen rund um das ehemalige Anwesen sind ideal zum Lustwandeln, Lesen und Entspannen.

Noch mehr Ruhe und kontemplative Stille finden gestresste Großstädter und Touristen in dem versteckt liegenden „Kyoto Garden". Er wurde erst 1991 eröffnet und war ein Geschenk der Stadt Kyoto, als Ausdruck der Freundschaft zwischen Japan und Großbritannien. Zierahorn und Bambus, kleine Bänke zum Hinsetzen, ein Teich, Moose und Steinplatten sowie ein selbstvergessen vor sich hinplätschernder Wasserfall wirken wie ein Gemälde, in das man nur hineinzusteigen braucht. Ganz im Sinne der japanischen Gartenphilosophie vereint die überschaubare Anlage sanfte Elemente mit schroffen, Stille mit Bewegung, Geradlinigkeit mit Wildwuchs. Sie ist vor allem in den frühen Morgenstunden von einer zauberhaften Aura umgeben und versteht sich als wunderschöne Einladung, um im Hier und Jetzt den urbanen Alltagstrott hinter sich zu lassen, um zu innerer Ruhe zu finden und Kraft zu schöpfen.

- Kyoto Garden, Holland Park, Kensington, London W11 4UA
  www.rbkc.gov.uk
- ÖPNV: U-Bahn Circle oder District Line, Haltestelle High Street Kensington oder U-Bahn Central, Circle oder District Line, Haltestelle Notting Hill Gate

Mit Bacon, Charme & Bohne

44 Englisches Frühstück im Regency Café

Set breakfast, black pudding and toast!, hallt eine unglaublich tiefe Stimme unglaublich laut über die Köpfe der Gäste hinweg. Für einen kurzen Moment verstummen die Gespräche an den Tischen zwischen den hell gekachelten Wänden, ein Zögern, bis sich von irgendwoher eine junge Frau ihren Weg zum Tresen bahnt, um das ausgerufene Glücksmenü entgegenzunehmen. Tee oder Kaffee inklusive.

Mittags ist Rushhour in dem Eck-Café in Pimlico, unweit der Tate Gallery. Dann ist hinter den rotweiß karierten Gardinen ganz schön was los, und Claudia Perotti, deren Familie den Gastbetrieb vor mehr als dreißig Jahren übernahm, muss sich mit der gesamten Kraft ihrer göttlichen dunklen Stimme Gehör verschaffen. Dass das „Regency Café" in der Gegend so beliebt ist, liegt wohl auch daran, dass es sich seit seiner Eröffnung im Jahr 1946 kaum verändert hat. Außen eine zeitlose Ladenfront mit matt glänzenden, schwarzen Kacheln. Die weißen Großbuchstaben über den großen Fensterflächen sind weithin sichtbar. Innen schnörkelloser Mid-Century-Stil: senfgelbe Resopal-Tische, braune, fest im Boden verankerte Plastikschalenstühle, rostroter Linoleumboden. An den Wänden hängen gerahmte Poster von Fußballern und Boxern. Außerdem Schwarzweißfotos von Familienmitgliedern. Der Laden ist ganz schön fotogen, mag man sich angesichts des unaufgesetzten Charmes denken. Und tatsächlich hat das Regency schon in so mancher BBC-Serie, so manchem Werbespot und Film mitgewirkt.

Für die Stammkunden ist der Glamour und Hype jedoch irrelevant. Sie sind einzig wegen der soliden Mahlzeiten und der fairen Preise hier. Außerdem sind die Portionen groß genug, um einen langen Tag in der Großstadt zu überstehen. Am beliebtesten ist das Full English Breakfast: Spiegeleier, Baked Beans, Würstchen und Bacon. Wenig Chichi, noch weniger Grün, dafür reichlich Schmackes. Nicht zuletzt deshalb wird den Mahlzeiten rund um das englische Frühstück gerne die Auszeichnung *greasy spoon* (fettiger Löffel) verliehen.

● Regency Café, 17-19 Regency Street, Pimlico, London SW1P 4BY
www.regencycafe.co.uk
● ÖPNV: U-Bahn Victoria Line, Haltestelle Pimlico oder U-Bahn Circle oder District Line, Haltestelle St James's Park

REGENCY STREET SW1
CITY OF WESTMINSTER
REGENCY CAFE

Marmor, Stein & Harmonie

45

Der hinduistische Neasden Temple

Wüsste man nicht, dass irgendwo am Ende der Straße einer der beeindruckendsten hinduistischen Tempel Europas seine Türmchen gen Himmel streckt, würde man sich womöglich gar nicht in die industrielle Gegend hinter Stonebridge im Nordwesten Londons verirren. Doch sobald man die helle Tempelarchitektur, den großen, freistehenden Torbogen und die imposante Treppe erblickt, wird klar, dass sich der doch recht weite Marsch gelohnt hat. Noch eindrucksvoller ist es dann im Inneren der Anlage. Weiß glänzende Marmoroberflächen so weit das Auge reicht, dunkles, filigran geschnitztes Holz, fein verzierte Säulen und Wandelemente, detailverliebte Gewölbedecken und Balustraden. Überall tanzende hinduistische Gottheiten, zierliche Ornamente und Fabelwesen. Sie sind in aufwändiger Handarbeit in den Stein gehauen, erzählen von göttlichen Eigenheiten und Abenteuern.

TIPP
Im indischen Restaurant gegenüber kann man sich durch tausend vegetarische Köstlichkeiten schlemmen.

Drei Jahre hat der Bau der Anlage gedauert, bevor sie 1995 zusammen mit dem Mandir (der marmornen Tempelhalle) und dem angeschlossenen Haveli (dem überwiegend aus Holz errichteten Kulturzentrum) eröffnet wurde. An den 26.500 Motivsteinen, von denen jeder einzelne ein kleines Kunstwerk ist, haben mehr als 1000 Steinmetze in Indien und Großbritannien geklopft und geschliffen. Insgesamt wurden rund 5000 Tonnen Kalkstein und Marmor behauen und nach alter hinduistischer Tradition verbaut – was auch heißt, dass sich im Mandir keine Stahl- und Eisenelemente finden, da diese aufgrund ihrer Strahlung die Meditationsruhe stören würden. Und wirklich, wer das Herz des Tempels betritt, wird von einer andächtigen Atmosphäre empfangen. Hier wird um Stille gebeten, aber auch dazu eingeladen, sich alles genau anzusehen. Und obwohl der Tempel ein wunderbarer Raum der Meditation und Einkehr ist, geht es auf den zweiten Blick doch so lebendig zu wie in der hinduistischen Götterwelt. Das lässt Berührungsängste schnell verschwinden und öffnet den Ort für einen eigenen Zugang. Voller Freude lässt man sich darauf ein. Barfuß und besonnen.

- BAPS Shri Swaminarayan Mandir/Neasden Temple, 105-119 Brentfield Road, Neasden, London NW10 8LD, londonmandir.baps.org
- ÖPNV: U-Bahn Jubilee Line, Haltestelle Neasden oder U-Bahn Bakerloo Line, Haltestelle Stonebridge Park

NARAYAN
LAKSHMI NARAYAN
LALITA

Postindustrieller Charme

46 Sommerabende am Kanal in Hackney Wick

Eine *wick* ist per Definition klein, ein entlegenes Örtchen irgendwo im Marschland, wo Schafe grasen und Kühe wiederkäuen. In Hackney Wick, dem Bezirk unweit des Olympiaparks im Nordosten Londons, ist davon allerdings wenig zu spüren. Auch wenn man sich hier schon ein ganzes Stück vom Stadtzentrum entfernt hat, geht es doch überhaupt nicht ländlich zu. Im Gegenteil: Mit den roten Ziegelsteingebäuden, den Reihenhausfassaden und den stillgelegten Fabrikhallen gewährt das Stadtbild einen Einblick in eine vergangene Epoche. Eine Zeit, in der in der Gegend Kohle verbrannt, Öl destilliert und Gummi produziert wurden. Zugleich wird spürbar, wie sehr das Viertel heute als Ort der Möglichkeiten wahrgenommen wird. Viele Künstler und Kreative haben sich hier angesiedelt und verstehen es bestens, den vorhandenen, brachliegenden Raum für ihre Bedürfnisse umzugestalten. Das industrielle Erbe bietet Platz für kreative Studios, für Kulturevents, einen Kletterpark und ungewöhnliche Gastronomiekonzepte. Streetart-Künstler verwandeln die Gegend in eine bunte Open-air-Galerie. Kurz: Es brodelt gewaltig. Gleichzeitig zeichnet sich schon der Strukturwandel ab, moderne, urbane Zukunftsvisionen aus Glas und Stahl mischen sich unter die alte Industriearchitektur.

Die Gegend ist spannend und vielseitig – und nicht zuletzt deshalb ein Glücksort. Wer es hier gelassen angehen möchte, geht an den River-Lea-Kanal. Vertäute Hausboote schaukeln dort selbstvergessen auf dem Wasser, etliche Cafés und Restaurants locken zu einer Pause. Man kann zum Beispiel an Bord der „Barge East" gehen und an Deck des umgebauten holländischen Lastenkahns lecker essen. An der Anlegestelle parkt ein hochglanzpolierter Airstream-Wohnwagen. Hier gibt es Cocktails und noch mehr schöne Plätze zum Sitzen. Am anderen Ufer könnte man sich in der „Crate Brewery" ein vor Ort gebrautes Bier holen oder eine Limo und sich damit direkt ans Wasser setzen, die Beine baumeln lassen – und die Seele auch.

● Hackney Wick, Hackney/Tower Hamlets, London E9 und E15
www.hackneywicked.co.uk
● ÖPNV: Overground Richtung Stratford, Haltestelle Hackney Wick Station

ALFRED LE ROY

Tagträumen & Wissen tanken

47 Ruhe und Naturkunde im Horniman Museum

Wenn man durch die Pforten des Horniman Museums tritt, kommt es einem vor, als würde man ein dickes Naturkunde-Lexikon aufschlagen und mit Haut und Haaren darin verschwinden. Für die nächsten Stunden verschluckt, eingetaucht in die enzyklopädische Welt großer und kleiner Säugetiere, schräger Vögel und schillernder Insekten. Mäuse und Pferde, Masken, Knochen und Puppen. Bizarrster Promi der Sammlung ist das pralle Walross, das die viktorianischen Präparatoren seinerzeit viel zu stark ausstopften, weil sie keine Vorstellung davon hatten, wie faltig ein solcher Dickhäuter in Wirklichkeit ist.

Das Museum zählt zu jenen verborgenen Schätzen Londons, die abseits des Zentrums ganz heimlich, still und leise die eigene Schönheit und Vielfalt feiern. Die Anfänge gehen auf die Zeit zwischen 1898 und 1901 zurück, als der Tee-Unternehmer Frederick John Horniman nicht mehr wusste, wohin mit all seinen Sammlerstücken, und das Ausstellungshaus im Stil der Arts-and-Crafts-Bewegung errichten ließ. Heute ist das denkmalgeschützte Gebäude mit dem prägnanten Glockenturm ein Hort des Wissens und eine Oase der Ruhe. Es liegt inmitten eines weitläufigen Gartens, in dem man nach dem Museumsbesuch gut und gerne noch ein paar Stunden verbringen kann – zum Beispiel in dem kleinen, aber feinen Küchengarten, auf einer Bank unter den prähistorisch anmutenden Farnen oder beim Picknick auf den hügeligen Wiesen. Wer einmal sitzt, wird allerdings nur schwer wieder hochkommen, denn die Stille ist einnehmend und die Aussicht auf die Skyline der Stadt phänomenal.

Die eigentliche Perle des Anwesens ist allerdings das romantische viktorianische Gewächshaus, in dem in den Sommermonaten Hochzeiten gefeiert, im Winter gerne Kaffee, Tee und frisch Gebackenes serviert werden. Die Ausstellungswelt des Museums mit ihren historischen Vitrinen vermag den Alexander von Humboldt in einem zu wecken, das Conservatory spricht den Genussmenschen und Schöngeist an. Eine Forschungsreise, die es wert ist. In jedem Sinne.

- Horniman Museum, 100 London Road, Forest Hill, London SE23 3PQ
www.horniman.ac.uk
- ÖPNV: Southern oder Overground, Haltestelle Forest Hill Train Station oder Bus 176, 185, 197, 356, P4, Haltestelle Horniman Museum

Aus Liebe zum Wasser

48

Bahnen ziehen in der Olympiaschwimmhalle

Einatmen. Ausatmen. Durch das Wasser gleiten. Die Antwort auf die Frage „Brust oder Rücken?" kann im Wassersportzentrum der Olympischen Spiele 2012 gar nicht anders lauten als „Rücken". Und das nicht, weil Rückenschwimmen womöglich sportlicher ist als die anderen Schwimmstile. Nein, hier geht es allein um das, was man zu sehen bekommt – und das ist in der avantgardistischen Schwimmhalle von Star-architektin Zaha Hadid so atemberaubend, dass man glatt vergisst, die gezogenen Bahnen zu zählen.

Vom Eingang über die Duschen bis zu den Spints: Jeder Winkel des elegant-funktionalen Schwimmbads beeindruckt. So spielt es auch keine Rolle, für welches der drei Becken man sich entscheidet. Am repräsentativsten mag das Schwimmerbecken unter der enormen, doppelt geschwungenen Deckenkonstruktion in der Haupthalle sein. Wie wogende Wellen fließen hier die unterschiedlichen Ebenen, Linien und Bauelemente ineinander. Das frei schwingende Dach hat eine Spannweite von 160 × 90 Metern. Durch Glasflächen zu beiden Seiten flutet das Tageslicht herein und macht den Badebereich zu einem hellen, freundlichen Ort. Wer in diesem Pool schwimmt, den beschleicht nicht selten das Gefühl, unter dem Bauch eines großen Walfischs hindurchzutauchen. Olympia-Feeling inklusive. Am unteren Ende befindet sich das zweite große Becken, das auch zum Turmspringen genutzt wird. Wie Barten staksen die geschwungenen Drei-, Fünf- und Zehnmetertürme aus dem Boden. Sie sind aus rohem Beton. Nackt, hellgrau und ungeschliffen schön. Abseits der Haupthalle befindet sich das nicht weniger ansehnliche Trainingsbecken. Mit seiner lichtdurchfluteten Kassettendecke erinnert es an ein orientalisches Thermalbad aus Tausendundeiner Nacht. 2012 fanden im „Aquatics Centre" die olympischen Wettkämpfe im Schwimmen und Turmspringen, im Wasserball und Synchronschwimmen statt. Heute steht das Schwimmbad jedem offen. Welch ein Glück für alle Wasserratten! Einfach eintauchen. Durchs Wasser gleiten und glücklich sein.

TIPP

Um Enttäuschungen zu vermeiden, sollte man seine Tickets rechtzeitig vorher online kaufen.

- Aquatics Centre, Queen Elizabeth Olympic Park, London E20 2ZQ www.londonaquaticscentre.org
- ÖPNV: U-Bahn Central oder Jubilee Line, Haltestelle Stratford oder DLR, Haltestelle Stratford

Graffiti-Kunst

49

Urbane Kultur im Banksy Tunnel

Dass man für eine Strecke von 300 Metern auch schon mal eine Stunde benötigen kann, offenbart sich in den „Leake Street Arches", einem eindrucksvollen Tunnelsystem, das unter den Gleisen der Waterloo Station hindurchführt und die York Road auf der einen Seite mit Lambeth North auf der anderen verbindet. Abertausende von Graffiti, Stencils und Paste-ups zieren die grau-braunen Backsteinmauern. Manche der gesprühten Wandbilder sind simpel und eher vom Schlage „karamba karacho". Andere sind richtige Kunstwerke, sehr ausgefeilt und detailliert. Wieder andere großflächig und plakativ. 10 Meter. Über den Köpfen. Beeindruckend.

Initiiert wurde die Open-Air-Galerie von Banksy, der im August 2008 das „Can Festival" ausrief und für drei Tage gleichgesinnte Künstler und Sprayer dazu einlud, die vernachlässigten, gewölbten Mauern unter dem Bahnhof zu gestalten und zu einer „Oase schöner Kunst" zu machen. Heute ist die einstmals düstere Fußgängerunterführung auch als „Banksy Tunnel" bekannt und die ständig sich verändernde Galerie hat sogar ein eigenes Lichtkonzept erhalten. Street-Art-Künstler aus aller Welt haben in den vergangenen Jahren ihre Spuren hinterlassen – und tun es nach wie vor. Dose um Dose. Schicht um Schicht. Manchmal kann man sie sogar bei der Arbeit beobachten.

Mit den Farben aus den Sprühdosen zogen schließlich auch andere Formen der Kunst und der Kultur in die Eisenbahntunnel. Konzerte, Ausstellungen, Performances, Events. Es gibt Cafés, Bars und Restaurants, Clubs und das Theater „The Vaults", in dem meist zeitgenössische Stücke aufgeführt werden, manchmal aber auch Jazz-Konzerte, Dine-Partys und Maskeraden stattfinden. Ein anderer Teil der Gewölbe wurde 2014 vom „House of Vans" bezogen, das in den Gewölben einen Skatepark mit Rampen, Half-Pipes, Street Courses & Co. eingerichtet hat. Musik, Kino und Fritten gibt's obendrein. Die „Arches" sind ein Ort, an dem man in sämtliche Ausdrucksformen des *urban underground* eintauchen kann. Jung. Kreativ. Wunderbar.

● Leake Street Tunnel, Lambeth, London SE1 7NN
www.leakestreetarches.london

● ÖPNV: U-Bahn Bakerloo, Jubilee, Northern oder Waterloo & City Line, Haltestelle Waterloo

Mind the gap

50 Am Puls der Stadt in Londons U-Bahn

Sie rumpelt durch die Unterwelt, schnarrt, quietscht und rattert. Westminster, Piccadilly Circus, Waterloo. Wimbledon im Süden, Hampstead im Norden. Dicht getaktet, verkehrt die Underground täglich auf 400 Kilometern, verbindet Orte und Menschen, Ideen, Kulturen und Geschichten. Sie ist das Herz-Kreislauf-System der Millionenmetropole. Dennoch hegen die Londoner eine Hassliebe zu ihrer „Tube", wie die Bahn wegen ihrer röhrenförmigen Tunnel genannt wird. Ohne sie stünde die Großstadt still. Und mit ihr wird es vor allem zur Rushhour ganz schön heiß, stickig und eng. Außerhalb der Stoßzeiten zählt die Tube jedoch zu einem der interessantesten Orte Londons. Menschen aller Couleur kommen hier für ein Stück ihres Lebens zusammen. Es herrscht ein verrückter Mix an Sprachen und Stimmen, Farben, Kleidern, Frisuren. Da ist die zierliche alte Dame mit den grünen Haaren, der Herr mit Zylinder, der aussieht, als hätte er seinen Five-o'clock-Tea gerade mit Sherlock Holmes persönlich getrunken. Da ist der falsche Jimi Hendrix, der mit der überkommenen Idee des muffigen Hackenporsches abrechnet und ganz selbstverständlich eine ziemlich hippe Variante des Trolleys neben sich parkt. Da sind Flipflops im Winter und Fellstiefel zu Hotpants im Hochsommer. Es ist reinste Freude zu beobachten, wie mühelos in London mit Konventionen gebrochen wird, wie kreativ die Menschen sind, wie divers und tolerant. Selbst Teil dieser Diversität zu werden, geht am einfachsten, wenn man dem rotblauen *roundel* folgt und in eine der 12 Linien steigt. Für eine Weile wird man so eins mit der Stadt, ihrem Puls und ihren Menschen.

Nach der Fahrt lohnt sich unbedingt auch der Blick zurück. Etliche der 270 Stationen sind markante Beispiele der Architekturgeschichte. Bauhaus, Jugendstil und Gründerzeit finden sich ebenso wieder wie zeitgenössische Architektur. Besonders sehenswert sind Gants Hill, Gloucester Road, Canary Warf, Temple und King's Cross/St. Pancras.

TIPP

Mit den „Hidden London Tours" des London Transport Museums kann man verlassene U-Bahn-Stationen erkunden.

● Transport for London, www.tfl.gov.uk

← Way out
WAY
OUT

Kultur im Pub

51 Theater über dem Oxford Arms Pub

Die Magie springt schnell über – viel Anlauf braucht sie gar nicht zu nehmen. Der Saal oberhalb des „Oxford Arms Pub" in Camden ist klein, fast schon winzig für ein Theater. Nur etwa 50 Zuschauer finden in den fünf Sitzreihen Platz. Umso großartiger ist das Theatererlebnis. Die Bühne ist nur eine Armlänge von den Besuchern entfernt. Jede Bewegung der Schauspieler ist unmittelbar spürbar, jedes Bild rückt einprägsam nahe. Man teilt sich die Luft mit den Figuren, hört beinahe ihren Pulsschlag.

Selten erlebt man eine Theateraufführung so unmittelbar wie in einem *pub theatre*. Diese Aufführungsorte, meist kleine Räume über oder hinter einem Pub, erfreuen sich in England und vor allem in London großer Beliebtheit. Ihre Anfänge gehen zurück in die Zeit der Restauration, als reisende Schauspieltruppen ab 1660 die leeren Gasträume über den Pubs bezogen, um auf den Bühnen und Podien ihr buntes, oftmals derb-zotiges Programm zu spielen. Nach Jahren des Theaterverbots wollten die für jedermann erschwinglichen Darbietungen vor allem Unterhaltung bieten, sie wollten allabendlich mit Komödien, Kneipen-Varieté und Satire für Kurzweil sorgen und sich gut mit einer oder zwei *pints* Bier vertragen. Heute sind die verruchten Zeiten des Pub-Theaters längst passé. In der britischen Theaterlandschaft spielen sie eine wichtige Rolle, vor allem weil sie innovatives *Fringe Theatre* bieten, ein Theater, das abseits des Mainstreams mit bissiger Comedy, mit Kabarett und mehr zu unterhalten weiß. Nicht wenige der Off-Theater-Produktionen, die zunächst auf den Pub-Bühnen gespielt werden, ziehen später in West-End-Theater weiter oder touren durch die englischsprachige Welt.

Sicher, es gibt viele Pub-Theater in London, doch das „Etcetera" zählt zu den einflussreichsten der Stadt und steht vor allem im August beim alljährlichen Camden-Fringe-Theaterfestival im Rampenlicht. Das Beste am Pub-Theater ist aber wohl, dass man den Theaterabend ganz gemütlich im darunterliegenden Pub ausklingen lassen kann.

● The Etcetera Theatre, über dem Oxford Arms Pub, 265 Camden High Street, London NW1 7BU www.etceteratheatre.com
● ÖPNV: U-Bahn Northern Line, Haltestelle Camden Town

CAMDEN TOWN
ETCETERA THEATRE
"One of London's best pub theatres"
The best of Camden's fringe theatre, comedy, music and more
BE KIND!
"CONSISTENTLY STRONG THEATRE SINCE 1986"
OPEN EVERY NIGHT
0207 4824857

Ruheoase in der City

52 Die Kirchenruine St. Dunstan in the East

Dort wo einst Kirchenbänke standen, wächst heute zartes Grün. Wein klettert an alten Mauerfragmenten empor, das Moos an den Wänden und in den Torbögen erzählt Geschichten von gestern. Während sich Büsche und Bäume ihren Weg durch Risse, Löcher und Fenster bahnen, recken sich bärtige Palmen hoch hinauf in den freien Himmel, wo sie von zwitschernden Vögeln und dem leisen Flüstern des Windes empfangen werden. Es scheint, als hole sich die Natur in der alten Kirchenruine am St. Dunstan's Hill ein Stück ihres Besitzes zurück. Mitten in der City von London, verwunschen, zart und sehr poetisch.

Wenn man auf einer der Bänke Platz nimmt, über die kopfsteingepflasterten Wege spaziert und die fast mystische Stimmung genießt, kommt die Seele zur Ruhe. Denn über dem Ort liegt ein ganz besonderer Frieden. Zeit, Vergänglichkeit und Hoffnung werden hier zu wahrnehmbaren Größen, zu kraftvollen Symbolen des Seins, die unauflöslich mit der Geschichte der Kirche in Beziehung stehen. Gebaut wurde das Gotteshaus zu Ehren des Heiligen St. Dunstan vor etwa tausend Jahren. Wie so viele Bauwerke in der City wurde auch diese Kirche während des Großen Feuers von London im Jahr 1666 Opfer der verheerenden Flammen. Sir Christopher Wren, seinerzeit der bekannteste englische Baumeister, führte die notwendigen Reparaturen durch und erweiterte den Bau um einen Kirchturm im gotischen Stil. Die prachtvoll restaurierte Kirche feierte ihr Comeback und war fast 250 Jahre lang wieder ein anregender Ort mit Gottesdiensten, Kirchenmusik, Hochzeiten … Während des Zweiten Weltkriegs wurde sie durch deutsche Fliegerangriffe bis auf den stabilen Turm und die Seitenmauern vollständig zerstört. Ein Wiederaufbau kam dieses Mal nicht infrage, stattdessen entschied die Stadtverwaltung, die Kirche in ihrer ruinenhaften Erscheinung unter Denkmalschutz zu stellen und auf dem Gelände einen Garten anzulegen. Heute ist „St. Dunstan in the East" ein kleiner, melancholisch anmutender Park, der eine tiefe Ruhe ausstrahlt.

- St. Dunstan in the East, St Dunstan's Hill/ Idol Lane, London EC3R 5DD
- ÖPNV: U-Bahn Circle oder District Line, Haltestelle Monument

In der alten Turbinenhalle

53

Monumentale Anmut in der Tate Modern

Nicht selten ist es so, dass wir einen Raum betreten und uns des Raums selber gar nicht gewahr werden. Zu groß, zu wichtig ist das, was uns an dem Ort erwartet. Seien es die Gegenstände, die sich dort befinden, seien es die Menschen oder die Aufgaben. Betritt man hingegen die Turbinenhalle der „Tate Modern" am Südufer der Themse, dann drängt sich das Erleben des Raums förmlich auf. Ganz bewusst nehmen Körper und Geist die Ausmaße wahr, verorten sich. Es bleibt ihnen auch kaum etwas anderes übrig, denn nichts ist in dieser Halle, das ablenkt – außer vielleicht die gigantischen Dimensionen des Raums selbst. Und diese Reduziertheit gibt der Turbinenhalle mit ihren 155 Metern Tiefe, den 23 Metern Breite und den 35 Metern Höhe ihr ganzes Potenzial. Auf einen solchen Raum, auf die darin herrschende Stimmung und die Haltung, die das Ich zu dem Raum einnimmt, kann man sich nur schwer gedanklich vorbereiten. Das gilt selbst beim zweiten oder dritten Besuch. Die Turbinenhalle ist ein bewegender und anregender Ort, ein Ort, der zur Reflexion, zur Entspannung und Selbstwahrnehmung einlädt. Und natürlich ist sie ein großartiger Raum der Kunst.

TIPP
Für einen Kaffee mit Aussicht ins „Kitchen and Bar" – das Café befindet sich im 6. Stockwerk der Kunstgalerie.

Seit die „Tate Gallery" im Jahr 2000 das von dem Architekturbüro Herzog & de Meuron umgebaute Kraftwerk bezog, lädt sie in regelmäßigen Abständen zeitgenössische Künstler ein, die gigantische Halle nach Belieben zu gestalten. So erstrahlte sie 2003 unter der kreativen Leitung Olafur Eliassons für eine gewisse Zeit im Schein einer gleißenden, orangenen Sonne, wurde 2006 unter Carsten Höller zur wahnwitzigen Rutschpartie und lieferte 2010 den Boden für Ai Weiweis Teppich aus Sonnenblumenkernen. Außerdem bildet die Halle die Verbindung zwischen dem Altbau des ehemaligen Kraftwerks und dem Neubau, der 2016 als massiver Ziegelbau ergänzt wurde. Die Halle kann auf einem schwarzen Fachwerkträger überquert werden – ein Perspektivwechsel, der sich lohnt und das Raumerlebnis noch einmal komplett verändert.

- Tate Modern, Bankside, London SE1 9TG
  www.tate.org.uk
- ÖPNV: U-Bahn Circle oder District Line, Haltestelle Blackfriars

Slow shopping

54 Zeit verbummeln in der Camden Passage

Versteckt hinter der Upper Street, einer der Hauptverkehrsadern des Stadtteils Islington, liegt die „Camden Passage“, eine kleine Gasse mit Kopfsteinpflaster und viktorianischen Laternen, bunten Wimpeln und noch bunteren Topfblumen. Ruhig ist es hier. Beschaulich. Von Großstadthektik keine Spur. Auch der Verkehr knattert anderswo. Vielleicht ist die Luft deshalb gleich ein kleines bisschen besser und der Gang der Leute ein kleines bisschen legerer. Vielleicht ist aber auch einfach nur die Sinneswahrnehmung getrübt. Vom feinen Kaffeeduft, der aus einem der Cafés die Gasse herunterzieht. Oder vom Anblick der charmanten Ladenfronten, von den Farben und dem Stimmengewirr. Macht nichts, man ist nicht allein. Nicht selten atmen die Menschen kurz auf, wenn sie in die kleine Gasse einbiegen. Gesichter hellen sich auf, Schritte verlangsamen sich. Als stellten sie sich auch innerlich auf Entschleunigung ein, auf Stöbern, Staunen und Liebgewinnen im persönlichen Wohlfühltempo. Läden, die im Nu das Herz erobern, gibt es reichlich. Da ist zum Beispiel die „Japanese Gallery“ mit asiatischen Holzschnittdrucken, da ist Susan Croppers Shop „Loop“ mit wollig-weichen Garnen aus Großbritannien und aller Welt oder „Bird & Blend Tea Co.“ mit feinen Teespezialitäten. Bei „Posh Totty“ gibt's handgefertigten Schmuck, bei „Sir Plus“ feine Zwirne für den Mann. Außerdem ringsum viele kleine Boutiquen, jede Menge Antiquitätengeschäfte und Secondhand-Läden. Tafelsilber, Porzellan, Vintage-Mode. Und weil Pausen ganz unbedingt zum *slow shopping* dazugehören, geht's später auf einen Kaffee ins „Frederick's“ oder auf einen Strudel ins „Kipferl“. Uriger ist's im „The Camden Head“, dem Pub am oberen Ende. Flauschiger bei „Angelica Retreat“ wo man sich eine Wellness-Pause gönnen kann. Mit Gesichtsmaske und Pediküre für die müden Füße. Übrigens: Die „Camden Passage“ hat nichts mit dem quirligen „Camden Lock Market“ zu tun. Der liegt 3,5 Kilometer weiter östlich und weiß wieder anders zu beglücken.

TIPP

Mittwoch und Freitag, Samstag und Sonntag ist in den Gässchen rund um die Camden Passage Flohmarkt.

● Camden Passage, Islington, London N1 8EA
www.camdenpassageislington.co.uk
● ÖPNV: U-Bahn Northern Line, Haltestelle Angel

dairy
MARSH PARSONS
LET BY
020 7226 0160
RESIDENCE
Getting Married?

Das Pasteten-Paradies

55 Pies und Ales im Pub The Windmill

Dreimal Gold, einmal Silber: die Pies des Pubs „The Windmill" sind preisgekrönt. Wild Mushroom Pie, Hampshire Venison Pie oder Smoked Salmon Pie – schon die Namen der Preisträger zergehen auf der Zunge. Dabei sind sie bei Weitem nicht die einzigen Publikumslieblinge dieses *ale and pie house.* Auf der Karte verführen Klassiker wie der Shepherd's Pie oder der Steak and Mushroom Pie. Auch eine vegane Variante mit geröstetem Gemüse sowie Pies mit fruchtig-süßen Füllungen werden saisongerecht angeboten. Ein wahres Pie-Paradies! Noch dazu so ein gemütliches: Helle Holztische, große Fenster und warme Farben sorgen mitten im exklusiven Mayfair für ein Pub-Ambiente mit Wohlfühl-Charakter. Kein bisschen schnieke, aber auch nicht dunkel und verschlossen. Im Gegenteil: Im unten gelegenen „Lower Pie Room" taucht man ein in muntere britische Pub-Atmosphäre. Die Tische stehen hier ein kleines bisschen enger. Man rückt gerne zusammen. An den Wänden Bilder von historischen Stadtansichten – und von Pies mit Füßen. Herzstück des Raums ist die Bar, an der sechs Biersorten, darunter lokale Ales, vom Fass gezapft und erfrischende Drinks gezaubert werden. Der „Upper Pie Room" im ersten Stock ist großzügiger und ruhiger. Das Highlight ist die versteckte Dachterrasse, auf die man sich im Sommer zurückziehen kann. Nicht Weitblick überwältigt hier, sondern wohliges Nestgefühl und robuster Großstadt-Charme. Unverputzte Backsteinwände rundum, Schornsteine und gusseiserne Balustraden. Für Gemütlichkeit sorgen viel Holz und Grün, Kreidetafeln und Lichterketten. Auf bunten Stühlen ruhen Kissen und Decken, in die man sich hüllen kann, wenn's kühler wird.

Im „Windmill" ist wirklich jede Etage ein Glücksort, vor allem, wenn vor einem ein duftender Pie darauf wartet, angeschnitten zu werden. Die herzhaft gefüllten Gebäckstücke zählen übrigens zur typischen Londoner Küche. Ein schlichtes Arbeitergericht, das mit *liquor,* einer schmackhaften grünen Sauce, serviert wurde – und im Osten der Stadt noch wird.

- The Windmill Mayfair, 6-8 Mill Street, London W1S 2AZ
  www.windmillmayfair.co.uk
- ÖPNV: U-Bahn Bakerloo, Central oder Victoria Line, Haltestelle Oxford Circus oder U-Bahn Bakerloo oder Picadilly Line, Haltestelle Piccadilly Circus

Der Ferne so nah

56 Pause gönnen in den St. Katharine Docks

Zur Tower Bridge ist es nur ein Katzensprung. Zur geschäftigen City mit ihren modernen Hochhäusern auch. Und doch ist die Marina am nordöstlichen Ufer der Themse eine Ruhe-Oase fernab des Großstadttrubels. Kein Auto in Sicht. Kein Bus und kein Taxi. Nur die an den Stegen festgemachten Boote und Yachten schaukeln sanft in den Hafenbecken. Über den Köpfen das Schreien der Möwen. Ganz schön idyllisch ist das. Außerdem riecht es nach Wasser. Nach Ebbe und Flut. Nach Ferne. Zeitvergessen dösen Parkbänke an den Kaimauern, als warteten sie auf die Rückkehr eines vor Wochen ausgelaufenen Schiffs. Nur allzu gerne nimmt man auf einer von ihnen Platz, lässt den Blick schweifen und die Seele baumeln. Und sei es nur für einen kurzen Moment. In der hektischen Millionenmetropole tun solche Verschnaufpausen gut. Sie entschleunigen und geben Kraft für die nächsten Abenteuer.

TIPP

Jeden Samstag von 11–15 Uhr ist „World Food Market" mit Streetfood aus aller Welt.

Einst waren die „St. Katharine Docks" ein lebhafter Umschlagplatz für Handelsgüter aus aller Welt. Zucker und Tee, Düfte, Elfenbein, Marmor, Indigo, Wein und Rum wurden mithilfe modernster Hebetechnik gelöscht und in den 1828 errichteten Hafenspeichern eingelagert. Die Schiffe kamen aus Europa, Asien, Afrika und von den Karibischen Inseln. Doch trotz der modernen Technik war die Hafenanlage am Tower nach Beginn der Industriellen Revolution schnell überholt und konnte schon ab 1870 die immer größer werdenden Schiffe nicht mehr aufnehmen. Nach Ende des Zweiten Weltkriegs wurde der Betrieb schließlich ganz eingestellt. Inzwischen haben sich die alten Lagerhäuser mit Geranien herausgeputzt. Und wo einst Schiffe entladen wurden und Waren auf ihre weitere Bestimmung warteten, finden sich etliche gemütliche Restaurants, Pubs und Cafés mit Sommerterrassen direkt am Wasser. Die Kulisse ist malerisch, und ein Spaziergang über die kopfsteingepflasterten Wege und Plätze, über die historischen Zugbrücken und entlang der Uferpromenaden hebt die Stimmung und lässt einen fast vergessen, dass man hier mitten in London ist.

- St. Katharine Docks, 50 St Katharine's Way, E1W 1LA
  www.skdocks.co.uk
- ÖPNV: U-Bahn Circle oder District Line, Haltestelle Tower Hill oder Docklands Light Railway, Haltestelle Tower Gateway

Rokoko mit allen Sinnen

57 Kunst und Kulinarik in der Wallace Collection

Sobald man durch die großen Flügeltüren des herrschaftlichen Stadtpalasts „Hertford House“ unweit der Oxford Street tritt, steht man vor der Wahl: entweder über die breite, mit dickem, rotem Teppich ausgelegte Treppe nach oben zur Kunst. Oder seitlich an den Stufen vorbei in Richtung Innenhof, wo je nach Tageszeit entweder Frühstückseier, hausgemachte Suppen und Gratins oder feinste Kuchen darauf warten, den Gaumen zu verzücken. Die Entscheidung fällt nicht leicht. Am besten, man lauscht einmal kurz in sich hinein und lässt sich von der inneren Stimme leiten. Um des Friedens willen empfiehlt es sich natürlich, beides unterzubringen, denn Kunst, Architektur und Kulinarik finden in dem beeindruckenden Gebäude aus dem 18. Jahrhundert auf ganz wunderbar harmonische Weise zusammen.

Wer mit der Kunst startet, taucht sogleich ein in eine berauschende Farbwelt aus Karmesinrot und zartem Rosé, üppigem Gold, Smaragdgrün und Indigoblau. Werke von Künstlern wie Tizian, Rembrandt, Rubens, Van Dyck und Velázquez ziehen einen in den Bann, barocke Nacktszenen offenbaren eine frivole Freude am Sinnlichen. Marie Antoinettes persönliche Gegenstände sind ebenso Teil der Ausstellung wie filigranes Sèvres-Porzellan, schwere Büsten, Keramiken, Miniaturen und Möbelstücke. Die Sammlung der „Wallace Collection“ ist ein echter Rokoko-Rausch. Dass sie heute in dieser Zusammenstellung zu sehen ist, ist Lady Wallace zu verdanken. Nach dem Tod ihres Mannes Richard im Jahr 1897 überließ sie die über fünf Generationen zusammengetragene Kollektion dem Staat und verfügte, dass kein Gegenstand das Haus je verlassen dürfe. Dazu zählt nicht zuletzt auch der französische Landhausbrunnen im mediterran angehauchten Innenhof. Um ihn gruppieren sich unter einer modernen Glaskuppel helle Tische und Korbstühle. Die warmen Farben und das Tageslicht schmeicheln dem Restaurant, das dank eines ausgeklügelten Heiz- und Kühlsystems im Fußboden ganzjährig angenehm temperiert ist. Ein Ort zum Wohlfühlen.

- Wallace Collection und Restaurant, Hertford House, Manchester Square, London W1U, www.wallacecollection.org
- ÖPNV: U-Bahn Central oder Jubilee Line, Haltestelle Bond Street

Monstermäßig einkaufen

58 Horrorladen – Hoxton Street Monster Supplies

Auf der Hoxton Street im Londoner East End hat sich ein kleines Geschäft unter die Cafés und Läden gemischt, das es in sich hat. Und zwar in jeder Hinsicht. Auf den ersten Blick scheint alles unauffällig und normal. Eine hübsche Ladenfront mit großen Fensterflächen. Es sieht einladend aus und irgendwie *very british*. Doch schon beim Lesen des Namens wird klar: Hier ist gar nichts normal. „Hoxton Street Monster Supplies" steht da in großen Lettern. Ein Tante-Emma-Laden für Monster? Drinnen folgt die Bestätigung: Regale vollgestopft mit Apothekerfläschchen, Dosen und Einweckgläsern. Laut Etikett sind sie mit Mondlicht und Blutkonserven gefüllt, mit menschlichem Schnodder und frischen Fürzen. Kurz, das Geschäft führt alles, was Monster, Werwölfe und Zombies für den täglichen Bedarf benötigen – und spricht jenes Quäntchen Fantasie an, das kleinen und großen Menschen so guttut.

TIPP

Auf der Hoxton Street gibt es außerdem gemütliche Cafés, einen traditionellen Pie-Shop und Vinyl-Läden.

Hinter dem Shop – und den schrägen Auslagen – verbirgt sich das „Ministry of Stories", ein gemeinnütziges Literaturprojekt, das Kinder und Jugendliche aus der Umgebung an Kreatives Schreiben heranführt. Unter der Leitung zeitgenössischer Autorinnen und Autoren finden in den geheimen Hinterzimmern des Ladens regelmäßig konspirative Schreib-Workshops statt, junge, aber auch ältere Menschen verfassen Geschichten und schreiben Briefe an einsame Monster. Ins Leben gerufen wurde das Projekt 2009, mit im Boot sind der Autor Nick Hornby und ein Team von mittlerweile mehr als 300 (!) Ehrenamtlichen. Wie ernst sie alle den Spaß nehmen, spiegelt sich in der Auswahl der Produkte und im liebevollen Design wider, im Web-Auftritt und in den schönen Texten, die rund um das Projekt in Zusammenarbeit mit den Schriftstellern entstanden sind. So ist es eine monstermäßige Freude, durch den kleinen Laden zu streunen und das skurrile Angebot in Augenschein zu nehmen. Lieblingsmitbringsel: Die Pillendosen, die außer mit Lutschbonbons mit Geschichten von Schriftstellern wie Nick Hornby oder Zadie Smith bestückt sind.

- Hoxton Street Monster Supplies, 159 Hoxton Street, Hoxton, London N1 6PJ
  www.monstersupplies.org
- ÖPNV: U-Bahn Northern Line, Haltestelle Old Street oder Overground Train, Haltestelle Hoxton

Hoxton Street Monster Supplies
PURE MONSTER
The Yeti
Abominable Snowmen
Trolls
Cyclops
Ogres
Blobs
Triffids
MOSTLY ANIMAL
King Kong
Giant Squid
Giant Octopus
Giant Spiders
Loch Ness Monsters
Godzilla
Mothra
The Thing
Griffins
Dragons
PART ANIMAL PART HUMAN
Werewolves
The Fly
Swamp Creatures
Medusa
Minotaurs
Centaurs
Harpies
MOSTLY HUMAN
Dr Jekyll & Mr Hyde
The Invisible Man
Hoxton Street Monster Supplies
PLEASE NOTE
Due to a rather inconvenient curse, all of our profits go to the Ministry of Stories, the creative writing and mentoring charity for young humans.
We are doing everything we can to rectify this intolerable situation.
CREEPING DREAD

Sommerfrische Kunst

59 Die Summer Exhibition der Royal Academy of Arts

Die RA Summer Exhibition gehört zum Londoner Sommer wie die Tasse Tee zur englischen Tea Time. Wohltuend bekömmlich, ein bisschen feierlich und irgendwie *very british*. Zugleich fühlt sich ein Besuch der ehrenwerten Hallen des Burlington House in der Zeit zwischen Juni und August auch irgendwie ganz luftig leicht an. Ungezwungen. Sommerlich farbenfroh und undogmatisch. Dass dem so ist, liegt gewiss zu einem großen Teil an den knallig bunten Ausstellungsräumen, die durch farbige Anstriche in quietschgelb, pink oder grasgrün sich selbst, das künstlerische Event und die außeralltägliche Dynamik feiern. Vor allem aber lässt sich die beinahe schon übermütige Unbeschwertheit auf das Konzept der Kunstschau zurückführen: Die RA Summer Exhibition ist nämlich die größte zeitgenössische Ausstellung der Welt, bei der sich tatsächlich jeder bewerben kann. Und das seit mehr als 250 Jahren. Doch während bei der ersten Ausstellung im Jahr 1769 noch überschaubare 136 Werke gezeigt wurden, wählt die Jury der Akademie heute aus rund 15.000 Einreichungen aus. Etwa 1.000 Malereien, Installationen und Skulpturen schaffen es schließlich in die Ausstellungsräume der Akademie. Sie werden gleichwertig neben den Kunstwerken bereits etablierter Künstler sowie namhafter Akademiemitglieder präsentiert. Dabei folgt das Konzept der Idee, nicht den Künstler, sondern die Kunst in den Fokus zu rücken und den Betrachter dazu zu bewegen, sich mit Letzterer auch wirklich auseinanderzusetzen. Entsprechend stehen unter den Kunstwerken auch keine Namen, sondern lediglich Nummern, die sich erst über den Ausstellungskatalog dechiffrieren lassen. Heraus kommt eine ganz wunderbar frische, unvoreingenommene Zusammenstellung unterschiedlichster Stile, Medien und Kunstwerke – und eine persönlich anregende Entdeckungstour, die Vergnügen bereitet, inspiriert und glücklich macht.

- Royal Academy of Arts, Burlington House, Piccadilly, London, W1J 0BD
  www.royalacademy.org.uk
- ÖPNV: U-Bahn Jubilee, Piccadilly oder Victoria Line, Haltestelle Green Park; U-Bahn Bakerloo oder Piccadilly Line, Haltestelle Piccadilly Circus

CRYPTO
SCIENTIFIC IM-
POSSIBILITIES
OF MORE VALUE
THAN
EMPIRE
That's All Folks!

Schöne Töne im tiefen Keller

60 Angesagter Brit-Jazz im 606 Club

Mal temperamentvoll leidenschaftlich, mal fröhlich-aufgekratzt, dann wieder samtig-weich, sanft und beinahe zerbrechlich schwirren die Kompositionen durch den schummrig weltvergessenen Kellerraum, der irgendwo unter den Straßen Chelseas liegt. Sie erzählen von Sehnsucht, Trotz und Leidenschaft und nehmen die Zuhörer, die eng um die Bühne herum an dunklen, stelzigen Holztischen sitzen und sich den facettenreichen Klangfarben hingeben, mit auf eine Reise, sie berühren und regen an. Zum Träumen, zum Nachsinnen über Tiefgründiges. Der „606 Club" ist klein, intim. In der Szene legendär. Seit den frühen Sechzigern geben sich hier bedeutende Musiker wie Jason Rebello, Jamie Cullum oder Liane Carroll die Klinke in die Hand, Jazz-Bands feiern Album-Release-Konzerte, Singer-Songwriter ihre Stimme. Zu hören sind zeitgenössischer Jazz, Swing, funkiger Soul, Latin, Gospel, Blues und Groove. An sieben Abenden in der Woche. Sonntags wird zusätzlich zum Jazz-Lunch geladen.

Benannt ist der Club nach seiner alten Adresse, 606 King's Road. In den Sechzigern und Siebzigern war die King's Road ein Schmelztiegel der jungen, aufmüpfigen Musikszene Londons. Nur dreißig Sitzplätze gab es damals, eine kleine Bühne und einen Holzofen, der im Winter den Raum zusätzlich zu den Musikern einheizte. Als die dortigen Häuser in den Achtzigern saniert wurden, zog der Club in den Chelsea Harbour um. Wer ihn heute dort aufsuchen möchte, muss schon genau wissen, wo er Ausschau halten muss. Lediglich eine gusseiserne „606" über einem unscheinbaren Torbogen verrät, wo der Eingang ist. Kurz klingeln, und man wird in das Kellergewölbe eingelassen. Es empfiehlt sich, vorher einen Tisch zu reservieren, vor allem an Wochenenden kommt man sonst kaum hinein. Außerdem sieht es das Konzept des Clubs vor, die Gäste auch kulinarisch zu begeistern. Entsprechend vielfältig und raffiniert ist die Karte, das Essen ausgezeichnet – eine hervorragende Ergänzung zur Musik und einen entspannten Jazz-Club-Abend.

● 606 Club, 90 Lots Road, Chelsea, London SW10 0QD, www.606club.co.uk

● ÖPNV: U-Bahn District Line, Haltestelle Fulham Broadway oder District oder Piccadilly Line, Haltestelle Earl's Court

606
TAMA

Fragile Eleganz, starke Farben

61 Feines Porzellan bei Cosmo China in Bloomsbury

Abseits des Trubels der Großstadt stößt man in der schmalen Gasse Cosmo Place in Bloomsbury auf das Porzellan-Studio „Cosmo China". Schon von außen übt der Shop mit der hellblau gestrichenen Ladenfront und den großen roten Lettern magische Anziehungskraft aus: Der kleine Tisch mit den zwei Stühlen auf der Vorgartenterrasse versprüht Auszeit-Charakter, zierliche Clematis ranken an der Fassade empor, hinter den großen Sprossenfenstern zeichnet sich eine bunte Farbwelt ab, die Lust macht, die Ladentür zu öffnen und mehr zu entdecken.

Im Innern erwartet einen dann auch eine wahre Schatzkammer zarter Porzellankunstwerke: Tea Pots in knalligem Design, Obstschalen mit zauberhaften Blütendetails, geometrische Muster, charmante Figuren und filigrane Strichwelten. Jedes Stück fesselt das Auge, ist farbenfroh, berührend – und vor allem handgefertigt. Zwanzig Kunstschaffende gehören aktuell zum kreativen Kreis von „Cosmo China". Ganz im eigenen Stil verwandeln sie die edlen, zumeist schnörkellosen Porzellanrohlinge in unverwechselbare Unikate. Die herzliche Atmosphäre im Laden macht es leicht, mit den Künstlern ins Gespräch zu kommen, die im Atelier im hinteren Teil des Raums arbeiten und neue Werke entstehen lassen.

Die Anfänge gehen auf das Jahr 1990 zurück, als Josie Firmin, eine von sechs Töchtern des bekannten Künstlers und Schöpfers von Fernsehfiguren Peter Firmin, mit ihrem Brennofen in das historische Haus zog und „Cosmo China" mit eigenen Werken und den Designs ihres Vaters ins Leben rief. Nach und nach holte sie verschiedene Künstler und Nachwuchstalente an Bord und begeisterte sie dafür, edles Bone China zu gestalten. Das charmante Porzellanstudio passt geradezu perfekt in das kreative und künstlerische Ambiente von Bloomsbury. Mit seinen zahlreichen Cafés und einstigen Treffpunkten der Boheme atmet das Viertel noch immer den Geist vergangener Zeiten, als Künstler, Schriftsteller und Literaten wie Virginia Woolf, Charles Dickens und T.S. Eliot hier ihre Inspiration fanden.

- Cosmo China, 11 Cosmo Place, London WC1N 3AP
www.cosmochina.co.uk
- ÖPNV: U-Bahn Piccadilly Line, Haltestelle Russell Square

COSMO CHINA
HAND
PAINTED
HERE

Down by the river

62 Im Pub The Blue Anchor

Gar nicht weit entfernt vom geschäftigen Treiben rund um die Hammersmith Station liegt „The Blue Anchor“, ein kleiner, lebhafter Pub mit gemütlichen Sesseln und floralen Kissen drinnen und maritimblau gestrichenen Bänken und Tischen draußen. Nachts leuchtet eine viktorianische Laterne über der Außenterrasse, tagsüber strahlt weithin sichtbar das Weiß der getünchten Ziegelfassade – ein schöner Kontrast zu den ebenfalls blau gestrichenen Holzrahmen und dem Balkon mit der gusseisernen Balustrade. Die Lage des Pubs könnte malerischer nicht sein: in erster Reihe zum Fluss, Seite an Seite mit weiteren georgianischen Stadthäusern, in Sichtweite die alte Hammersmith Bridge mit ihrem filigranen grünen Eisengestänge. Sie führt nach Barnes, jener weitläufigen, beinahe schon ländlichen Gegend, die von London gefühlt so weit entfernt ist wie der Mond von der Erde. Eine Ahnung dieser Ruhe und Distanz ist auch diesseits der Brücke am Nordufer zu spüren.
Auch wenn „The Blue Anchor“ heute durch einige bauliche Veränderungen und vor allem aufgrund der hellen, modernen Innenarchitektur ganz frisch und jung daherkommt, zählt er doch zu den ältesten Pubs der Stadt. Die erste Schanklizenz geht auf das Jahr 1722 zurück, doch Bier und Ale gingen schon Jahrzehnte vorher ohne Genehmigung über den Tresen. Lieblingsplatzverdächtig sind die Tische am Fenster oben. Bei schönem Wetter lässt sich der Besuch im „Blue Anchor“ ausgezeichnet mit einem Spaziergang am Fluss verbinden. Als Ausgangspunkt empfehlen sich der südliche Zipfel des verschlafenen Barnes und ganz speziell die Teestube „Orange Pekoe“, nur etwa 300 Meter westlich der Barnes Bridge. Hier gibt es Tee in kleinen Kännchen, frisch gebackene Brownies und eine wirklich charmante englische Cottage-Atmosphäre. Nach der *tea time* wechselt man am besten auf die nördliche Flussseite und nutzt den „Thamespath“ in Richtung Hammersmith. Dieser Fußweg führt fast vollständig direkt am Ufer entlang, den „Blue Anchor“ kann man also kaum verfehlen.

● The Blue Anchor, 13 Lower Mall, Hammersmith, London W6 9DJ
www.blueanchorlondon.com

THE BLUE ANCHOR
BLUE ANCHOR
EST. 1722
THE BLUE ANCHOR

Auf Kräuterkunde

63

Der Chelsea Physic Garden

Sie haben schon einen besonderen Charme, jene alten englischen Gärten, die von hohen, mitunter bewachsenen Steinmauern umgeben sind und sich in einer nonchalanten Mischung aus wilder Pflanzenpracht und präziser Gartenbaukunst präsentieren. Dabei wurden die *walled gardens* ursprünglich weniger aus romantischen Gründen errichtet. Es waren vielmehr die besonderen Eigenschaften der verarbeiteten Steine und Ziegel, die die Gartenbauarchitekten schätzten – allen voran ihre Fähigkeit, durch das Speichern der Sonnenwärme ein günstiges Mikroklima im Inneren der Anlagen zu schaffen. Zudem wehren die Mauern bis heute allzu widrige Wind- und Frosteinflüsse ab und bieten obendrein Schutz vor wilden Tieren.

Einer jener besonders charmanten Gärten Londons ist der „Chelsea Physic Garden". Er wurde 1673 als Apothekergarten am Themse-Ufer angelegt und gehört damit zu den ältesten botanischen Gärten Englands. Damals war Chelsea noch ein Dorf vor den Toren Londons, und die Pflanzensamen aus aller Welt kamen per Schiff über den Fluss. Heute ist aus dem Dorf längst ein belebter Stadtteil der englischen Metropole geworden. Umso erfreulicher, dass sich der Garten trotzdem seinen ursprünglichen Charakter bewahrt hat und der schnelle, pulsierende Rhythmus der Stadt hier allenfalls zu erahnen ist. Geschützt hinter hohen Ziegelsteinmauern ist die Grünanlage ein stiller, magischer Ort, der auch ein bisschen an den geheimen Garten aus dem gleichnamigen Kinderbuch von Frances Hodgson Burnett erinnert. Gewürz- und Arzneipflanzen, Farne und Stauden wachsen in liebevoll gepflegten Beeten, auf kleinen Steinterrassen oder unter schattigen Lauben. Alle sind fein säuberlich beschriftet und nach Gattungen geordnet. Pflanzen, die ganzjährig ein gleichbleibendes Klima verlangen, sind in einem der alten Gewächshäuser untergebracht. Seit 1902 beherbergen die gut erhaltenen Holz- und Glaskonstruktionen Flora aus den unterschiedlichsten Regionen der Erde.

TIPP

Nach einer englischen Tea time im Garten-Café noch durch den Shop bummeln.

- Chelsea Physic Garden, 66 Royal Hospital Road, London SW3 4HS
  www.chelseaphysicgarden.co.uk
- ÖPNV: U-Bahn Circle oder District Line, Haltestelle Sloane Square oder Bus 170 Haltestelle Chelsea Physic Garden

Küssende Dächer

64 Moderne Ästhetik im Coal Drops Yard

Wippen, schaukeln, drehen. Der Blick geht in den Himmel, streift das stählerne Gerüst eines stillgelegten Gasometers, sucht dann doch lieber Halt an etwas Bodennahem. Allein wegen der *spun chairs*, der rotierenden Kreiselsessel des Architekten und Designers Thomas Heatherwick, lohnt sich ein Abstecher in den „Coal Drops Yard", das erst im Oktober 2018 eröffnete Shopping-Quartier gleich hinter dem Bahnhof King's Cross. Außerdem verführen ausgefallene Designerläden, Konzeptstores und Cafés zu einem Spaziergang über das modern umgestaltete Industriedenkmal aus den 1850er-Jahren. Keine großen Ketten, sondern kleine, inhabergeführte Manufakturen, unabhängige Premiumshops und unverwechselbare Labels. Ihre Geschäfte sind in den Ziegelgewölben der zwei lang gestreckten viktorianischen Lagerhallen untergebracht, einst Londons wichtigstem Umschlagplatz für Kohle. Die kam in großen Mengen per Eisenbahn aus den Minen im Norden und Westen, wurde auf dem Areal entladen und gelagert, sortiert und in Säcke geschaufelt, bevor sie mit Pferdekarren oder auf Lastkähnen weitertransportiert wurde.

Wer heute über das Gelände spaziert, entdeckt viele Hinweise auf das alte viktorianische Erbe. Schwere gusseiserne Säulen, verblasste Beschriftungen, Gewölbe und Lastzüge, dunkle Holzbalken. Das hat Charme und entführt in längst vergangene Zeiten. Zugleich schwebt das Moderne geradezu unübersehbar über dem Ort – und zwar in Form einer verblüffend raffinierten Dachkonstruktion, bei der sich die Dächer der beiden Lagerhallen allem Anschein nach frei schwingend erheben und aufeinander zustreben, bis sie sich in der Mitte, direkt über dem Innenhof, berühren – als würden sie sich küssen. Darunter ein heller, überdachter Platz, der über stählerne Treppen und Arkaden mit den umliegenden Viadukten verbunden und auch bei Regenwetter ein wunderbar trockener Ort im Freien ist. Es gibt genügend rote Stühle und Sessel, um das Gestern und Heute bewusst wahrzunehmen und sich selbst Zeit und Raum zu geben.

● Coal Drops Yard, Stable St, Kings Cross, London N1C 4DQ
www.coaldropsyard.com
● ÖPNV: U-Bahn Circle, Hammersmith & City, Metropolitan, Northern, Piccadilly und Victoria Line, Haltestelle King's Cross St. Pancras

Ente im Höhenrausch

65

„Hohe" Kochkunst im Duck & Waffle

Auf eine Waffel nachts um halb eins – warum nicht? Ziemlich stilvoll geht das im „Duck & Waffle" – und außerdem ganz schön spektakulär: Das stylische Restaurant mit dem noch stylischeren Namen, das rund um die Uhr geöffnet ist, befindet sich nämlich in einem gläsernen Kubus auf dem Dach des imposanten Hochhauses 110 Bishopsgate. 240 Meter sind es nach unten. Die kribbeln im Bauch, wenn man direkt an den bodentiefen Panoramafenstern steht und nach unten schaut. Der Blick über die Dächer der Stadt hinweg ist hingegen atemberaubend. Urban, futuristisch und irgendwie enthoben – und doch befindet sich der Turm, auf dem man steht, in bester Gesellschaft: Direkt vor einem schrauben sich gleich mehrere Giganten in den Himmel. Nur einen Steinwurf entfernt steht, fast schon niedlich, die berühmte Gherkin (die „Gewürzgurke"), ein Stück weiter der scharfkantige Cheesegrater (die „Käsereibe") und seit Neuestem das Gebäude 100 Bishopsgate, gleich gegenüber. Weitere extravagante Hochhäuser mit ausgefallenen Spitznamen sind geplant oder schon im Bau. Die Stadt, die heute schon vielerorts an den Wolken kratzt, will offenbar noch höher hinaus.

Laufkundschaft ist in diesen luftigen Gefilden nicht zu erwarten. Aber wer weiß, was die Zukunft bringt ...? Bis auf Weiteres führt der Weg zur Waffel über den komplett verglasten Außenaufzug – ein extrem flotter Auftakt für das bevorstehende Höhenabenteuer im 40. Stock. Oben angelangt, betritt man zunächst den eleganten Lounge-Bereich. Die Stimmung ist so entspannt, dass man eigentlich auch einfach hier- bleiben könnte. Das Restaurant selbst schindet Eindruck mit wogenden Deckenelementen in Gelb und einer offenen Show-Küche – und natürlich mit den raffinierten Kreationen von Chefkoch Daniel Doherty. Die namensstiftende Waffel mit Enten-Confit ist ein Klassiker in der asiatisch inspirierten Fusion-Küche. Wer's lieber süß oder vegetarisch mag, wird auch fündig. Selbst nachts um halb eins, wenn London unten verschlafen blinkt und glitzert.

TIPP

Rechtzeitig einen Tisch reservieren. Zu ungewöhnlichen Zeiten ist die Chance auf einen Platz am Fenster höher.

- Duck & Waffle, 110 Bishopsgate, London EC2N 4AY
www.duckandwaffle.com
- ÖPNV: U-Bahn Central, Circle, Hammersmith & City oder Metropolitan Line, Haltestelle Liverpool Street

Nur für Damen

66

Schwimmen im Kenwood Ladies' Pond

Wer mutig und trainiert ist, steigt auch im Winter in den kleinen Weiher, der versteckt im weitläufigen Hampstead Heath liegt. Drei Leitern laden dazu ein. Und eine malerische Umgebung, die angesichts der pulsierenden Millionenmetropole hinter den Baumwipfeln beinahe unwirklich erscheint: ein stiller, winterlicher See mitten in der Natur. Große knorrige Bäume dösen am Ufer, Gräser, ein paar Wiesen. Auf der glatten, dunklen Wasseroberfläche treiben zeitverloren Blätter, zwei Enten ziehen vorüber. Es ist ihr Gefilde. Über allem liegt ein leichter Dunst. Nur dieser leuchtend rote Punkt, der sich langsam, aber stetig über das Wasser bewegt, mischt das Stillleben auf. Eine Badehaube! Der Schwimmerin darunter scheinen die neun Grad Wassertemperatur, die die Tafel am Steg verkündet, nichts auszumachen. Entschlossen zieht sie zwischen zwei Bojen ihre Bahnen. Die Szene ruft Erinnerungen an ein Gemälde wach. Oder einen Film. Mut braucht es trotzdem, die Leiter hinunterzuklettern. Eine ganze Menge sogar. Wer nicht ganz so „abgebrüht" ist, kommt im Sommer zum See, dann ist der Sprung in das kühle Nass eine wunderbare Erfrischung und die Wiesen verführen zu einer ausgedehnten Pause in der Sonne. Einziger Nachteil: Wenn es warm ist, trauen sich viele, und so kann es an heißen Wochenenden schon mal voll werden – interessanterweise tut das der positiven Stimmung aber keinen Abbruch.

TIPP

Frauen und Männer baden im Sommer gemeinsam im „Mixed Pond" oder im „Parliament Hill Lido".

Offiziell wurde der „Kenwood Ladies' Pond" 1925 eröffnet, doch schon lange zuvor beanspruchten Frauen das Idyll, um ganzjährig abzutauchen. *Women only* gemahnt ein Schild am Zaun an die Philosophie des Ortes. Wer sich qualifiziert, erhält für zwei Pfund, die an einem kleinen Automaten zu entrichten sind, Zutritt zu einem zauberhaften Ort inklusive Bademeisterinnen, die aufpassen, dass nichts passiert, gepflegten Umkleidekabinen und – bei Bedarf – einer warmen Dusche. Das ermutigte angeblich sogar schon Katharine Hepburn und „Miss Marple" Margaret Rutherford, hier ins kühle Nasse zu tauchen.

● Kenwood Ladies' Pond, Millfield Lane, Hampstead Heath, London NW5 1QR
www.klpa.uk

● ÖPNV: Bus 214, Haltestelle Merton Lane oder Overground, Haltestelle Hampstead Heath

Im Kuriositätenkabinett

67

Kleine Fluchten in der Wellcome Collection

Sir Henry Solomon Wellcome hatte ein Näschen fürs Ungewöhnliche – und ein ausgesprochen großes Interesse an bizarren alltäglichen und medizinischen Artefakten aus aller Welt. Ob Napoleons Zahnbürste, Darwins Gehstöcke, eine peruanische Mumie, Beethovens Gesichtsabguss oder Fakir-Sandalen, zur Sammlung des eifrigen Pharmazie-Unternehmers, der im Jahr 1880 von Amerika nach Großbritannien kam, gehört eine ungeheure Vielzahl historischer Exponate. Kuriositäten, die überraschen und nicht selten schmunzeln lassen. Heute kümmert sich die „Wellcome Collection" um das beachtliche Erbe und bringt neugierigen Zeitgenossen Sir Wellcomes Interesse an „der Kunst und der Wissenschaft der Heilung" näher. Wer etwas über die Geschichte der Medizin in England und anderswo erfahren möchte, der ist auf den drei Etagen bestens aufgehoben. Doch Achtung: Die ausgestellten Gegenstände können die Sehgewohnheiten schon einmal gehörig auf die Probe stellen. Eine Erfahrung, die ungewohnte Einsichten und jede Menge Museumsglück mit sich bringt.

Als wäre die skurrile medizinhistorische Sammlung nicht schon Grund genug, um dem monumentalen Gebäude in der Euston Road einen Besuch abzustatten, bietet das Haus außerdem noch zwei ganz wunderbare Verstecke, um für einige Zeit die Stadt hinter sich zu lassen und durchzuatmen. Am allerbesten für diese kleine Stadtflucht eignet sich die oberste Etage des Museums, die man über die geschwungene, matt gebürstete Wendeltreppe erreicht. Oben, in unmittelbarer Nähe zur Bibliothek des Hauses, eröffnet sich ein weitläufiger, heller Saal, der zum Studieren und Verweilen gedacht ist und gelegentlich für Veranstaltungen genutzt wird. Wer Ruhe sucht, findet sie hier. Entweder im gemütlichen Wohlfühlsessel oder mit einem Kissen im Rücken auf der breiten Treppe, die zur umlaufenden Galerie hinaufführt. Fast genauso perfekt für eine Verschnaufpause fernab des Trubels ist das Museumsrestaurant mit heimeligem *afternoon tea* und Soulfood zu fairen Preisen.

- Wellcome Collection, 183 Euston Road, London NW1 2BE
  www.wellcomecollection.org
- ÖPNV: U-Bahn Circle, Hammersmith & City oder Metropolitan Line, Haltestelle Euston Square

Wald, Wiese, Flower Power

68 Richmond Park und Isabella Plantation

Sich erst in der Weite verlieren und dann in einen märchenhaften Garten verschwinden – das klingt eher nach einem Kapitel aus „Alice im Wunderland“ als nach einem realen Ort im engen, überfüllten London. Doch wer einmal stundenlang über die sanften Hügel und weiten Wiesen des Richmond Park gestreift ist, sich in seinen Wäldern verlaufen hat und wem dabei womöglich sogar Rehe und Hirsche über den Weg gelaufen sind, der weiß, wie schnell die Millionenmetropole mit ihrem Rhythmus und ihren Reizen in die Ferne rücken kann. Nur die Flugzeuge, die ein Stück weiter nördlich vorbeidüsen, erinnern einen daran, wie nah die Stadt doch ist. Wer möchte, kann sich natürlich noch einmal vergewissern und bei gutem Wetter von den höheren Aussichtspunkten wie dem „King Henry's Mound“ aus die Spitzen der Wolkenkratzer und sogar die Kuppel der St Paul's Cathedral am Horizont ausmachen. Aber eigentlich kann man auch einfach die 955 Hektar auf sich wirken lassen, die König Karl I. hier im 17. Jahrhundert schuf, indem er sein Jagdgebiet durch einen hohen, die Zeiten, Könige und Epochen überdauernden Steinwall umfrieden ließ.

TIPP

Picknick einpacken! Im Richmond Park selbst gibt es nur ein kleines Imbiss-Café in der Nähe der „Pen Ponds“.

Am besten sucht man sich ein romantisches Plätzchen (und davon hält der königliche Park viele bereit), um dem Säuseln des Windes zu lauschen und den Wolken auf ihrer Reise zuzuschauen. Nach einigen kostbaren Momenten des süßen Nichtstuns ist der Geist geradezu perfekt für den Monet-mäßigen Farbenrausch vorbereitet, der im botanischen Garten der „Isabella Plantation“ wartet. Vor allem im späten Frühling, wenn die Magnolien, Azaleen und Rhododendren blühen, ist der schattige Garten mit seinen hohen Hainbuchen und alten Eichen, den Bachläufen, Teichen und Brücken ein schier unwirklich scheinendes Fleckchen Erde. Ein magischer Ort ohne Eile, ohne Erwartungen. Besonders inspirierend wirken die Arabesquen der Natur bei einem Spaziergang entlang der gewundenen Pfade, am versteckt gelegenen „Still Pond“ oder ganz einfach auf einer der vielen vom Glück umsonnten Bänke.

- Richmond Park und Isabella Plantation, Richmond, Kingston upon Thames TW10 5HS
- ÖPNV: U-Bahn District Line oder Overground Train oder South Western Railway, Haltestelle Richmond, dann weiter mit Bus 371 oder 65, Haltestelle Pedestrian Gate/Petersham oder mit dem (Leih-)Fahrrad

Fifty feet under

69 Surreales Empfinden im Greenwich Foot Tunnel

Während Londons Zukunft mit den modernen Wolkenkratzern immer weiter in die Höhe strebt, liegen viele Episoden seiner stadtgeschichtlichen Vergangenheit unter der Erde. So auch der 370 Meter lange Fußgängertunnel, der einer alten Fährstrecke folgt und Greenwich mit der Isle of Dogs verbindet. Gebaut wurde er Anfang des letzten Jahrhunderts, damit die auf der Südseite der Themse lebenden Arbeiter schnell und zuverlässig zu den Hafenanlagen auf der Nordseite gelangen konnten. Damals war der Bau eine technische Meisterleistung. Heute ist der Tunnel mit den runden viktorianischen Glaskuppelbauten zu beiden Seiten des Ufers denkmalgeschützt. 15 Meter sind es in die Tiefe. Entweder über die Wendeltreppe oder mit dem großen, holzgetäfelten Aufzug, der 90 Fahrgäste auf einmal befördern kann.
Ganz gleich, ob man am nördlichen oder am südlichen Ende des Tunnels steht und auf die andere Seite möchte: Unten angelangt, lohnt es sich, kurz innezuhalten und den Ort auf sich wirken zu lassen, womöglich sogar die Augen zu schließen und das dumpfe Echo der Stimmen und Schritte wahrzunehmen. Fast unmerklich lässt man sich so auf ein kleines Gedankenspiel ein, begibt sich auf eine Zeitreise, die einen mehr als hundert Jahre zurückversetzt. In das Jahr 1902. Spätsommer. Der Tunnel ist erst kürzlich eröffnet worden. Trotzdem ist hier unten viel los. Schon im Eröffnungsjahr waren rund 5000 Arbeiter pro Woche unterwegs, um auf die andere Seite zu gelangen. Zu den Millwall Docks, den einstigen Hafenanlagen auf der Isle of Dogs. Oder zurück nach Hause. Eine kühle Feuchte liegt in der Luft. Irgendwo tropft es von der Decke. Es riecht leicht modrig. Anders kann es damals auch nicht gewesen sein. Nur der große Lastenaufzug lief noch nicht. Und es wurde hin und wieder stockdunkel, wenn wieder einmal die Elektrizität ausfiel. Heute ist es hell hier. Das fluoreszierende Licht spiegelt sich auf den glänzenden, hellen Kacheln und erzeugt eine surreale, traumhafte Atmosphäre.

● Greenwich Foot Tunnel, zwischen Greenwich Pier und Isle of Dogs
● ÖPNV: DLR, Haltestelle Island Gardens oder Cutty Sark

KEEP LEFT

Spazierweg der Superlative

70

Postmodernes Grau an der South Bank

Am schönsten ist der Spaziergang am Südufer der Themse an einem wolkenverhangenen Novembertag. Dann ist das Grau des Himmels nur eine weitere Nuance im monochromen Farbspektrum der brutalistischen Architektur. Hellgrau. Dunkelgrau. Braungrau. Außerdem ist an nasskalten Tagen weniger los auf der etwa 2,5 Kilometer langen Uferpromenade, die irgendwo unterhalb des „London Eye" beginnt, bis Bank End am Wasser entlang verläuft und im Idealfall in einem Café oder Pub beim „Borough Market" endet. Im Frühling und im Sommer, wenn der Himmel blau strahlt, die Temperaturen angenehm sind und das Reisefieber hochkocht, ist es wuselig hier. Zu beeindruckend ist das, was man diesseits und jenseits des Flusses zu sehen bekommt. Am Nordufer Big Ben und Westminster, am Südufer das sich drehende Riesenrad. Viktorianische Gaslaternen, ein Karussell, Platanen, die „Golden Jubilee"-Fußgängerbrücke mit ihrem grandiosen Panorama. Ein paar Schritte weiter dann postmoderne Nüchternheit. Das „Southbank Centre" und die renommierte „Hayward Gallery", die „Royal Festival Hall" und die „Queen Elizabeth Hall" – Orte großartiger Kunst und Kultur. Architektonisch beeindruckend. Futuristisch. Raffiniert. Jede Menge Rohbeton wurde hier zwischen 1950 und 1980 verbaut. Wie auch beim National Theatre, das in Sichtweite liegt. Entstanden sind weitläufige, verschachtelte Gebäudekomplexe mit geradlinigen Geometrien, mit schweren Treppen, Plattformen und Brücken. Sie fordern den Blick heraus, sind nicht unumstritten. Ein Fest der Linien und Formen für die einen. Schwer zugänglich für andere. Versöhnlich wirkt da, dass die Architektur eine Menge verborgener Winkel zum Hinsetzen und Ausruhen bereithält. Ein Sommerliebling ist der „Queen Elizabeth Rooftop Garden" mit Gräsern, Bänken und einer Bar. Perfekt für einen Eiskaffee. Oder einen Aperitif. Im Winter sucht man am besten ein Plätzchen hinter Glas, mit Licht und Aussicht. Zum Beispiel in der „Royal Festival Hall" oder im „Foyer Café" des National Theatre.

TIPP

Jeden Freitagmittag gibt es in der Bar des „Southbank Centre" ein kostenloses Lunchtime-Konzert zu hören.

● South Bank, Lambeth, London SE1

● ÖPNV: U-Bahn Bakerloo, Jubilee, Northern oder Waterloo & City Line, Haltestelle Waterloo

Inspirierende Markttage

71 Urbanes Design auf dem Old Spitalfields Market

Märkte gibt es in London so einige. Manche sind prominent und schwer in Mode, wie der „Camden Market", der „Borough Market" oder der „Portobello Market". Manche sind bekannt, für viele aber schlicht zu funktional, wie der „Petticoat Lane Market" mit seinen Angeboten rund um den Alltag. Und manche scheinen mit ihrem munteren Mix an Ständen und wechselnden Schwerpunkten genau die goldene Mitte zu treffen, wie der „Old Spitalfields Market" im Osten der Stadt, einer der ältesten Märkte Londons. Schon im 17. Jahrhundert wurden hier Federvieh, Getreide und Wurzelgemüse feilgeboten. Die Markthalle mit ihrem Dach aus Glas und Stahl, die heute Schutz vor widrigem Wetter bietet, kam 1887 hinzu. Da war das Areal noch um einiges größer, der Markt war sogar der größte von ganz Europa.

Heute bietet die restaurierte viktorianische Halle den Rahmen für eine perfekte Mischung: ein bisschen Mode, ein bisschen Kunsthandwerk, Antiquitäten, Kunst und Street Food. An manchen Tagen finden die Marktbesucher eher Accessoires und Kimonos, an anderen Vintage-Mode und Veganes. Antiquitätenfans kommen am Donnerstag her, Fashionistas am Samstag. Jeden zweiten Freitag verwandelt sich die Markthalle in ein Vinyl-Paradies. Ab fünf Uhr legen DJs auf, das Wochenende naht, ein guter Grund zum Anstoßen und Feiern. Am allerschönsten ist es aber, mittwochs oder am ersten und dritten Wochenende zwischen den Marktständen hindurchzuschlendern. Dann ist der „Urban Makers Market". Mit handgefertigten Stücken, nachhaltigen Materialien, Fair-Trade-Produkten und Bio-Textilien. Wenn so viel Kreativität in den einzelnen Stücken steckt, so viel Herzblut und Liebe, wird jeder Stand zum Glücksort. Anrührend schönen Schmuck findet man zum Beispiel bei „k:ss creations", ausgefallene Zeitschriften bei „We love print" und britische Streetwear bei „Plain Bear". Wer kann, kommt am Vormittag, bevor es allzu voll wird. Und Sonntagmorgens vor Marktöffnung kann man sogar an einer kostenlosen Yogastunde teilnehmen.

- Old Spitalfields Market, 16 Horner Square, Shoreditch, London E1 6EW
www.oldspitalfieldsmarket.com
- ÖPNV: U-Bahn Central, Circle, Hammersmith & City oder Metropolitan Line, Haltestelle Liverpool Street

LIFE IS BEAUTIFUL
CHANEL
Mini Prints
£4
1896
Réouverture
Cabaret
CHAT NOIR
le 3 Octobre 1896
de l'Illustre Théâtreux
CHAT NOIR
Rue Victor-Massé
PARIS
AVEC
Rodolphe Salis

Londons schöne Wiese

72 Am und auf dem Primrose Hill

Der Primrose Hill ist nicht der höchste Berg der Stadt, aber einer der gefragtesten. An seinen beschaulichen Hängen haben allerlei bedeutende Menschen gelebt und gewirkt, bekannte Schauspieler, Schriftsteller und Prominente von heute, aber auch namhafte Künstler, Dichter und Denker früherer Jahrhunderte. Friedrich Engels zählte genauso zu den Anwohnern wie der Dichter William Butler Yeats. Bei einem Spaziergang durch die hiesigen Straßen sollte man unbedingt nach den runden blauen Plaketten Ausschau halten, die einem verraten, wer früher wo wohnte – und sich dann ausmalen, wie es hier wohl damals zuging.

Gefragt ist der Hügel aber nicht nur bei denen, die in den bunt gestrichenen Stadthäusern leben. Viele kleine Läden und Cafés laden dazu ein, in dem charmanten Viertel am Berg Zeit zu verbringen. Der Ausflug könnte zum Beispiel mit einem Kaffee im „Ripe Kitchen" an der Regent's Park Road beginnen. Der ist hier ausgezeichnet und eine Herzensangelegenheit der beiden Küchenchefs Tom und Yulia. Koffeinfreies gibt es bei den beiden natürlich auch. Mein persönlicher Favorit ist eine Kanne giftgrüner Energy Boost Tee. Der kommt mit Seegras, Ingwer und anderen geheimen Zutaten daher und verleiht Superkräfte. Energieumsonnt geht es weiter zu „Graham & Green", wo schöne Wohnaccessoires die Seele streicheln. Bei „Fitzroy's" könnte man sich – oder einen Lieblingsmenschen – mit einem Strauß Fresien beglücken. Oder man stöbert durch die Bücherregale bei „Primrose Hill Books", dem kleinen alteingesessenen Buchladen von Jessica und Marek.

Ist man erst einmal hier, dann ist es nicht mehr weit bis zur Kuppe und der Wiese mit Aussicht. Ein Sonnenuntergang auf dem Primrose Hill an einem warmen Sommerabend ist ein Klassiker unter den Londonern. Manche treffen sich mit Freunden, manche mit der großen Liebe. Sie bringen ein Picknick mit, Sekt aus dem Supermarkt, an windigen Tagen lässt man Drachen steigen. Zum Glück ist die Wiese groß genug, dass sie für jeden ein Plätzchen bereithält.

- Primrose Hill, NW 3 London
- ÖPNV: U-Bahn Northern Line, Haltestelle Chalk Farm

Kunst, Karat & Koffein

73 Im Auktionshaus Sotheby's

Bei einem Streifzug durch die Ausstellungsräume des Auktionshauses „Sotheby's" kann es gut sein, dass einen mal ein Micky-Maus-Poster aus den 1930ern ein Lächeln auf die Lippen zaubert, beim nächsten Besuch hängt ein Chagall an der dunkelblau getünchten Wand oder ein Picasso, wieder ein anderes Mal wird exklusiver Schmuck präsentiert, Pop Art oder ein Perpetuum Mobile. Auf kleinen Schildchen daneben finden sich alle wichtigen Informationen. In erster Linie natürlich eine Zahl, meist mit ziemlich vielen Nullen: Der geschätzte Auktionswert der Stücke, der auch daran erinnert, dass all die Schätze in absehbarer Zeit unter den Hammer kommen. Ein aufregender Moment – sowohl für die, die sich von geliebten Kostbarkeiten und Kunstwerken trennen, als auch für die, die ein Gebot abgeben wollen, die abwägen, liebäugeln. Einen Hauch dieser Spannung bekommt man auch als unbeteiligter Besucher zu spüren, und selbst wenn die Versteigerung erst in einer Woche stattfindet, knistert schon vorher ordentlich die Luft. Dabei bringen manche der Kunstwerke eine geradezu filmreife Vorgeschichte mit, andere sorgen vor Ort für Furore – wie das Werk des Künstlers Banksy, das nach Auktionsende halb zerschreddert zurückblieb. Meist sind es aber die Verkaufspreise, die Aufsehen erregen.

Die Ausstellungs- und Auktionsräume in der New Bond Street strahlen etwas Klassisches aus, das Ambiente ist ruhig, professionell gelassen. Für alle, die Kunst und Schönes lieben, ist diese Zwischen-Zeit im Auktionshaus ein Glücksmoment, bietet sich doch die Chance, Werke und Raritäten zu Gesicht zu bekommen, die mitunter kaum in öffentlichen Museen ausgestellt werden. Viele Stücke tauchen hier nur kurz auf, entfalten für einen Augenblick vor den Augen der Öffentlichkeit ihre Pracht, bevor sie den Besitzer wechseln und oftmals wieder in einer Privatsammlung verschwinden. Wer nach so viel schöngeistiger Aufregung eine Stärkung braucht, trinkt eine Tasse Tee oder Kaffee im hauseigenen Café.

- Sotheby's, 34-35 New Bond Street, Mayfair, London W1S 2RT
www.sothebys.com
- ÖPNV: U-Bahn Central oder Jubilee Line, Haltestelle Bond Street oder Oxford Circus

SOTHEBY'S
Sotheby's
Sotheby's EST. 1744
275 YEARS EST. 1744

Radio-Star im Konzertsaal

74 Lunchtime-Konzert in der Wigmore Hall

Mittags in einen Konzertsaal abzutauchen, um dort zauberhaft anrührende Musik zu hören und sich von virtuos gespielten Sonaten davontragen zu lassen, ist ein bisschen wie die Kirschen von den Petit Fours zu naschen, noch bevor sie auf dem Silbertablett für die Dinnerparty angerichtet sind. Nicht weniger süß und nicht weniger verführerisch als nach Einbruch der Dämmerung, aber ein bisschen unmittelbarer und weniger gekünstelt. Wenn man am Montagmittag im Zuschauerraum der „Wigmore Hall" Platz nimmt, bekommt man eine ganz besonders feine Kirsche zu naschen. Nicht nur, dass die Künstlerinnen und Künstler, die hier spielen, beeindruckend gut sind, meist von internationalem Rang und Virtuosen ihres Fachs. Auch der Saal selbst macht einen nicht unwesentlichen Teil der Performance aus. Die Akustik ist so umwerfend gut, dass sich die Melodien wie ein sanfter Schleier über den gesamten Raum legen und auch noch die hinteren Plätze unverfälscht und präzise erreichen. Derart eingehüllt in die Welt der Klänge, stellt sich spätestens zum Ende des ersten Musikstücks ein Gefühl tiefer Zufriedenheit ein. Der urbane Alltag mit seinen Herausforderungen, seinem turbulenten Rhythmus und dem Lärmpegel ist anderswo. Zumindest für die eine Stunde, in der einen die Musik in eine andere Welt entführt. Seit 1996 überträgt die BBC die Lunchtime-Konzerte regelmäßig im Radio, Millionen Zuhörer weltweit hören jede Woche mit.

Wegen ihrer hervorragenden Akustik galt die „Wigmore Hall" vom ersten Tag an als einer der weltbesten Konzertsäle für Kammermusik. Gebaut wurde sie um 1900 von dem deutschen Klavierfabrikanten Carl Bechstein, der mit ihr einen musikalisch herausragenden Ort schaffen wollte, um die klangliche Pracht seiner Pianos herauszustellen. Der Saal mit seiner speziellen Tonnendecke, dem Marmor und dem berühmten Jugendstil-Fresko von Moira und Jenkins ist ein Juwel – und natürlich auch am Abend ein Genuss, wenn die Petit Fours auf dem Silbertablett kommen.

- Wigmore Hall, 36 Wigmore Street, Marylebone, London W1U 2BP
  www.wigmore-hall.org.uk
- ÖPNV: U-Bahn-Haltestelle Bond Street oder U-Bahn Central, Bakerloo oder Victoria Line, Haltestelle Oxford Circus

London by bike

75 Auf zwei Rädern vom Tower zum Hyde Park

CS3 – was klingt wie ein ominöser Geheim-Code, ist in Wirklichkeit der Name eines beliebten Londoner Fahrradwegs: des „Cycleway No. 3", auch bekannt als „East-West-Cycleway". Die Strecke verbindet Barking mit Acton – sonnigen Velo-Gemütern und Freizeitradlern bringt aber vor allem der 10 Kilometer lange Abschnitt zwischen Tower Hill und Hyde Park jede Menge Radelvergnügen. Unter hohen Platanen geht es zunächst die Uferpromenade des Victoria Embankment hinauf bis nach Westminster, wo Big Ben, das Parlament und – in Sichtweite am anderen Ufer – das „London Eye" aufwarten. Von hier aus führt der Radweg an Westminster Abbey, der Horse Guards Parade und am Buckingham Palace vorbei und weiter durch den Green Park. Die Tour endet mit einer gemütlichen Runde durch den Hyde Park, wo man schließlich entweder auf einer der Wiesen den Picknickkorb auspacken oder in der Orangerie des Kensington Palace Tee und Prosecco trinken kann. Moderne Kunst gibt's in der „Serpentine Gallery". Kein Hupen stört auf dem Weg das Fahrradglück, kein Drängeln und keine Gefahr durch ausscherende Busse oder vorbeiflitzende Autos: Die im Jahr 2016 eröffnete Radspur ist nämlich durchweg durch feste Barrieren und hohe Bordsteine von den umliegenden Straßen mit ihrem täglichen Verkehrswahnsinn getrennt. Wer hier in die Pedale tritt, kann sich also voll und ganz auf die Stadt und die vorbeihuschenden Sehenswürdigkeiten konzentrieren – und weil London davon bekanntlich eine ganze Menge bereithält, ist es umso schöner, einmal ein paar von ihnen ganz „leichtfüßig" im Sattel abzuklappern.

Diejenigen, die in der britischen Hauptstadt kein eigenes Fahrrad besitzen, schwingen sich auf ein „Boris Bike", wie die Leihfahrräder gemeinhin genannt werden, weil sie einst unter dem damals noch als Bürgermeister wirkenden Boris Johnson eingeführt wurden. Stationen gibt es überall, das Leihsystem ist einfach und unkompliziert. Nur die Rushhour gilt es zu meiden, wenn die Pendler durch die Stadt flitzen.

● Infos unter www.tfl.gov.uk/modes/cycling, Routenbeschreibung unter www.tfl.gov.uk/modes/cycling/santander-cycles/sightseeing-route

CYCLE
SUPERHIGHWAY
CS3 East-West
Westminster
Barking
North Beckton
61 minutes
Canning Town
46 minutes
Poplar
Tower Hill
17 minutes
Blackfriars
Embankment
4 minutes
Westminster
Hyde Park
Lancaster Gate

Des Königs rotes Schloss

76

Geschichte(n) in Hampton Court Palace

Liebe und Verrat, Leidenschaft und höfischer Prunk, Intrigen, Tugend und Dekadenz: Die königliche Residenz im Südwesten Londons birgt ein ganzes Kaleidoskop an Geschichten und ist zugleich ein Ort, an dem die englische Geschichte (insbesondere die der Kirche) eine wichtige Wendung nahm.

Das Schloss selbst ist idyllisch in einer Flussschleife der Themse gelegen und umgeben von einer Vielzahl zauberhafter Gärten. Wer durch das Tor tritt, wird rasch vom glimmenden Rot des Mauerwerks eingenommen, von der opulenten Innenausstattung und den spielerischen Formen, vom Tudor-Charme und dem barocken Glanz. Abgesehen von all den Geschichten, die die herrschaftlichen Säle herausposaunen und die Wände leise flüstern, hält das einstige Lieblingsschloss König Heinrich VIII. noch eine ganze Menge an glücksumsonnten Orten und Nischen bereit, um eigene Abenteuer zu erleben und Erinnerungen zu kreieren. Kaum etwas kann schöner sein, als sich im Sommer im Privy Garden vom Duft der Hyazinthen und Lavendelblüten tragen zu lassen, im Schatten der Laubengänge Zeit zu vertrödeln und auf den breiten Schlosstreppen ein Eis zu schlecken. An wolkenlosen, kühlen Herbsttagen sind die Bänke im Base Court die unübertroffenen Gemütsschmeichler: Am besten eine Lieblingsbank an der nach Süden ausgerichteten Palastmauer rauspicken, zurücklehnen und sich an den sonnengeküssten roten Steinen aufwärmen. Ab Ende November kann man die Schlittschuhe anschnallen und vor der malerischen Kulisse übers Eis gleiten, ein paar Pirouetten drehen und sich anschließend bei Punsch und heißen Maronen aufwärmen. Mit zunehmender Draußenlust könnte man sich im Frühling schließlich noch in den königlichen Irrgarten wagen und bei der Suche nach dem Ausgang jenes längst vergessene Kribbeln im Bauch spüren, wenn die Hecken immer höher zu wachsen scheinen je länger man die gewundenen Wege entlanghuscht. Das berühmte Labyrinth aus dem 17. Jahrhundert ist das älteste des Königreichs und eine echte Herausforderung.

- Hampton Court Palace, Surrey, Molesey KT8 9AU
  www.hrp.org.uk/hampton-court-palace
- ÖPNV: U-Bahn-Haltestelle Hampton Court oder
  Bootsanleger Hampton Court Pier

Magie des Unbekannten

77 Die Underground-Bar Lounge Bohemia

Eine unscheinbare graue Tür, dahinter ein enger, mit Tageszeitungen tapezierter Korridor, an dessen schummrigen Ende eine steile Treppe in den Keller führt. Wer es bis hierher geschafft hat, kann sich schon ziemlich glücklich schätzen, denn der Eingang zur „Lounge Bohemia" in Shoreditch ist alles andere als gut ausgeschildert. Ganz im Sinne der im Verborgenen agierenden Underground-Clubs liegt die Tür zur Bar unauffällig und kaum als solche erkennbar neben einem Kebab-Imbiss. Kein Schild verrät, dass sich hier ein Cocktail-Paradies versteckt, keine Leuchtreklame weist den Weg. Wo man klingeln muss, um eingelassen zu werden, ist ein wohlgehütetes Geheimnis. Das macht den Reiz aus – ebenso wie das stylische Interieur im 1950er-Jahre-Stil: kleine Nischen mit niedrigen Cocktailtischen, stilvolle Midcentury-Sessel und -Hocker, bunte EM77-Wasserkaraffen, Vintage-Pendelleuchten. Die Wände im hellgrauen Rohbeton verleihen der Keller-Lounge einen improvisierten, temporären Charakter, was das Undercover- und Prohibitions-Feeling noch verstärkt. Dabei gehören die Cocktails, die Barkeeper Paul Tvaroh hier seit 2007 kredenzt, definitiv in die Kategorie *prohibited:* verboten lecker, verboten stark und verboten dramatisch. Sie schmecken nach Honig oder Wald, sind mit prickelnden Blüten verfeinert oder mit einer Note Weihrauch versehen. Ihr farbliches Repertoire ist spektakulär, ihr Auftreten showreif. Sie kommen in Parfum-Flakons daher, werden in Glühbirnen serviert oder tarnen sich als gefrorene Totenköpfe, mitunter hängen Teile des Cocktails in festem Aggregatzustand an kleinen Ästen. Und wenn es vor einem auf dem Tisch so dampft, schäumt und blubbert, hat man eher das Gefühl in der Versuchsküche eines verrückten Professors gelandet zu sein als in einer coolen Londoner Bar, die ihre Gäste noch dazu angenehm unprätentiös und warmherzig empfängt. Die nicht überfüllt und laut ist, sondern entspannt und ruhig.

TIPP

Telefonisch reservieren, um den Tür-Code zu erfahren: +44 (0) 772 070 7000.

● Lounge Bohemia, 1e Great Eastern Street, Shoreditch, London EC2A 3EJ
www.loungebohemia.com

● ÖPNV: U-Bahn Central, Circle, Hammersmith & City oder Metropolitan Line, Haltestelle Liverpool Street oder Overground, Haltestelle Shoreditch High Street

Alte Römer & schöne Kunst

78 Guildhall Yard und Art Gallery

Weite Wiesen, glitzerndes Wasser, ein Reigen rothaariger Schönheiten. Blass, zart und zeitlos. Die Frauen auf Elizabeth Forbes' Gemälde wirken zerbrechlich und doch stark. In sich ruhend. Ein Anblick, der berührt. Wie schön, dass in der „Guildhall Art Gallery" noch mehr Kunstwerke diesen Schlags an den dunkelgrün getünchten Wänden hängen. Stilvoll. In üppigen goldenen Rahmen, an üppigen goldenen Ketten – *for the Victorian feeling*, wie auf der Gratisführung durch das Haus zu erfahren ist.

Die „Guildhall Art Gallery", deren Gründung auf das Jahr 1885 zurückgeht, ist spezialisiert auf Kunst aus der viktorianischen Zeit, auf präraffaelitische Malerei und frühenglische Avantgarde. Und auf Werke, die sich dem Thema London widmen. Ganz zeitübergreifend und vielseitig. Der Grund für diese Ausrichtung liegt nahe: Das Museum befindet sich im Herzen des historischen und wirtschaftlichen Stadtzentrums, der sogenannten „Square Mile", und ist Teil des ursprünglichen Hauptsitzes der Stadtverwaltung. Die tagte hier schon im 11. Jahrhundert, hielt Zeremonien, Feste und Hohe Gerichte ab. Ihr repräsentativer Schauplatz wurde die „Great Hall", die noch heute für hohe offizielle Anlässe genutzt wird. Besuchen kann man die großartige Architektur aus dem 14. Jahrhundert zum Glück trotzdem. Mit 46 Metern Länge ist sie die drittgrößte Halle des späten Mittelalters in England. Doch die Geschichte rund um den „Guildhall Yard" reicht noch weiter zurück. Auch wenn es schwer vorstellbar ist: Vor rund 2000 Jahren stand genau an dieser Stelle ein gigantisches römisches Amphitheater. Dessen Überreste liegen heute etwa 7 bis 8 Meter unter der Erde und können im Untergeschoss des Museums bestaunt werden. Oben auf dem Vorplatz weist eine farblich abgesetzte Markierung im Boden darauf hin, wie groß das Bauwerk der Römer war. Ganz schön beeindruckend! Am besten, man sucht sich irgendwo einen Stuhl oder eine Bank und lauscht der Zeit. Galerie und Vorplatz sind von einer zauberhaft entrückten Ruhe umgeben.

● Guildhall Yard, Off Gresham Street, London EC2V 5AE
www.cityoflondon.gov.uk
● ÖPNV: U-Bahn Central, Northern oder Waterloo & City Line, Haltestelle Bank

GUILDHALL ART GALLERY
ARCHITECTURE OF LONDON

Kerzenschein & Chorgesang

79 Zum Evensong in Londons alter Klosterkirche

Matt und weltvergessen fällt das Spätnachmittagslicht durch die Fenster in den Chorraum der St. Bartholomew Church unweit des „Smithfield Market". Es riecht nach Weihrauch, alten Gemäuern und Geschichte. Noch liegt Stille über dem Ort, einzig ein Küster läuft umher, zündet Kerzen an und rückt schwere Holzstühle zurecht. Die Anordnung wirkt ein wenig eigenwillig, was aber ganz offensichtlich weniger den Kapriolen des Messdieners geschuldet ist als vielmehr der mittelalterlichen Architektur der Kirche, die im Jahr 1123 als Augustinerkloster gegründet wurde, weder dem Großen Feuer von 1666 noch den beiden Weltkriegen zum Opfer fiel und damit zu den ältesten Gotteshäusern der Stadt zählt. Zwar wurden im Zuge der anglikanischen Reformation unter König Heinrich VIII. große Teile der Klosteranlage abgerissen (darunter auch das ursprünglich noch viel größere Hauptschiff), doch ist das heute genutzte Seitenschiff so gut erhalten, dass man fast meint, in einer anderen Zeit gelandet zu sein – vielleicht macht sich „The Great St. Barts" gerade deshalb so gut als Filmkulisse (z. B. in „Vier Hochzeiten und ein Todesfall" und in „Shakespeare in Love").

Bewahrt hat man auch das aus der mittelalterlich-katholischen Tradition hervorgegangene Ritual des gesungenen Abend- und Nachtgebets, das als „Evensong" in die anglikanische Kirche Einzug hielt. Am bekanntesten sind in London freilich die allabendlichen Chorgesänge in St. Paul's und in Westminster Abbey. Wer den Zauber, den diese Tradition umgibt, aber einmal abseits der Touristenpfade erleben möchte, ist beim „Evensong" in St. Bartholomew gut aufgehoben. Alles ist hier ein bisschen kleiner, ein bisschen beschaulicher, der Chor, die Musik rücken ein Stückchen näher, werden in ihrer Fülle ganz unmittelbar erfahrbar. Das Kircheninnere ist weitestgehend mit Kerzen beleuchtet, die Atmosphäre wirkt entrückt. Für eine kurze Zeit kann man hier die Hektik der Großstadt vergessen, sich der Musik hingeben, die einen berührt und inspiriert.

- St. Bartholomew The Great, West Smithfield, London EC1A 9DS
www.greatstbarts.com
- ÖPNV: U-Bahn Circle, Hammersmith & City oder Metropolitan Line, Haltestelle Barbican

Die Kunst des Bummelns

80 Eine Weile in Notting Hill – oder länger

Manchmal tut es gut, in einer durchgetakteten Großstadt wie London einmal ohne Auftrag, ohne Agenda loszuziehen, sich leicht und frei und vom Augenblick umarmt zu fühlen. Den Moment in einem Café zu genießen, an einem Marktstand nach kleinen Schätzen zu suchen, sich treiben zu lassen. Immer der Nase nach, den Gerüchen, Farben und Stimmungen der Stadt auf der Spur. In London geht das kaum besser als in Notting Hill, jenem Viertel nordöstlich des Hyde Parks, das der gleichnamige Film im Jahr 1999 aus seinem Dornröschenschlaf weckte, das sich mal bunt und quirlig, mal ruhig und verträumt gibt, und das bei Tagesanbruch am charmantesten wirkt. Dann sind die Straßen und Plätze noch leer und die pastellfarben gestrichenen Townhouses schimmern im Morgenlicht, aufgereiht wie die Perlen einer Kette.

Selbst die Portobello Road ist noch still, nur irgendwo am unteren Ende bauen die ersten Marktbetreiber ihre Stände auf. Später wird's hier trubelig, vor allem am Wochenende, wenn der berühmte Antikmarkt stattfindet. Wem es dann zwischen den Ständen zu eng wird, der kann dem Tumult wunderbar entfliehen. Rückzugsorte gibt es in Notting Hill zur Genüge. Da ist zum Beispiel das „Museum of Brands" mit seinem versteckten Garten, da sind die urige Testküche „Books for Cooks" von Küchenchef Eric Treuillé und der kramige Secondhand-Buchladen „Book & Comic Exchange". Entspannt ist es auch, den Westbourne Grove hinunterzuspazieren, im Bio-Farmshop „Daylesford" durch die Regalreihen zu schlendern oder einfach nur schaufensterzubummeln. Ein leckeres Frühstück gibt es in der „Fabrique Bakery" oder im „Farm Girl Café", orientalische Köstlichkeiten bei „Ottolenghi". Wer ausgiebig brunchen oder lunchen möchte, wird bei „Granger & Co", bei „Andina" oder im „Snaps and Rye" glücklich. Ein besonderer Rausch an Farben, Rhythmen und Klängen bietet sich jedes Jahr Ende August, wenn London in den Straßen von Notting Hill drei Tage lang karibisch inspirierten „Notting Hill Carnival" feiert – und natürlich das Leben.

● Notting Hill, Royal Borough of Kensington and Chelsea, London W11
● ÖPNV: U-Bahn Central, Circle und District Line, Haltestelle Notting Hill Gate oder U-Bahn Circle oder Hammersmith & City Line, Haltestellen Ladbroke Grove oder Westbourne Park

Abel
DENBIGH CLOSE
PREVIOUSLY DENBIGH MEWS
CHLOE ALBERRY
84 PORTOBELLO Rd
www.chloealberry.com
ESTD 1887
ALICE'S
SALE

Für Alma & Carla.

Dankeschön allen, die mich unterstützt haben.

Bibliografische Informationen der Deutschen Nationalbibliothek
Die Deutsche Nationalbibliothek verzeichnet diese Publikation in der Deutschen Nationalbibliografie; detaillierte bibliografische Daten sind im Internet über dnb.d-nb.de abrufbar.

3., aktualisierte Auflage 2024
Konzeption/Satz: Droste Verlag, Düsseldorf
Einbandgestaltung und Illustrationen: Britta Rungwerth, Düsseldorf, unter Verwendung von Bildern von © Fotolia.com: jd - photodesign.de; © iStock: Plociennik Robert
Fotos: Katy Schlegel, außer:
S. 29: Electric Cinema; S. 41: © Eloi - stock.adobe.com; S. 45: © kristinarütten - stock.adobe.com; S. 53: Petersham Nurseries; S. 63: Sky Garden; S. 75: © KittyKat - stock.adobe.com; S. 81: Simon Brown, Ham Yard Hotel; S. 97: BAPS Shri Swaminarayan Mandir London; S. 107: © suerob - stock.adobe.com; S. 113: © Tom Eversley - stock.adobe.com; S. 119: © PrettyAwesome - stock.adobe.com; S. 121: The Wallace Collection London; S. 137: Duck & Waffle; S. 161: David Turecky

MIX
Papier | Fördert gute Waldnutzung
FSC® C011279
www.fsc.org

Druck und Bindung: LUC GmbH, Greven
ISBN 978-3-7700-2698-2

droste-verlag.de